JN410748

김병완의 성공과 행복 시리즈 3부작 3권

제목: 수미일관(首尾一貫)의 법칙

부제: 끝까지 하는 사람이 성공한다.

" 타인의 비판은 당신의 현실이 아니라, 그들의 현실이다."

- 스티븐 코비 -

프롤로그 _ 성공과 행복은 저절로 오지 않는다

우리나라는 과거 어느 때보다 가장 풍요롭고 화려한 시대를 열어 가고 있다. 하지만 우리 삶의 질과 모습을 비추어 볼 수 있는 사회 지표들은 어둡기 짝이 없다. 이혼율과 자살률만 봐도 그렇다.

경제 성장에 성공한 한국 사회가 왜 이렇게 삶의 질적 측면에서 실패하고 있을까? 그것은 성공적이고 행복한 삶에도 그에 합당한 기술이 필요하다는 사실을 간과했기 때문이다. 그런 점에서 성공과 행복에 관한 기술은 존재한다고 말할 수 있다.

돈을 버는 기술은 지금 난무하고 있다. 돈을 많이 벌고, 승진하고, 높은 지위를 갖추는 것에 대한 기술과 방법을 알려 주는 책은 차고 넘치며, 그러한 책들만 집중적으로 보는 사람들도 많아지고 있다. 그러나 참된 성공과 행복한 삶을 살기 위해서는 또한 행복해지는 기술과 성공적인 삶을 살아가는 기술을 알아야 하고, 지속적으로 향상시켜 나가야만 한다.

세상에는 공짜가 없다. 행복한 삶을 살기 위해서는 행복의 기술을 익혀야 하고, 성공적인 삶을 살기 위해서는 성공의 기술을 배우고 익혀야 한다. 인생에는 정답이 없듯, 행복한 삶과 성공적인 삶에 대해서도 정답은 없다. 다만 좀 더 나은 성공과 행복에 대한 기술은 충분히 발견하고, 연습하고, 지향할 수 있다. 그러한 연습을 통해 행복과 성공의 기술을 익힐수록 더욱더 행복하고 성공적인 삶을 살아갈 수 있다. 성공과 행복은 결코 저절로 오지 않는다.

여기서 한 가지 문제는 한 개인의 삶의 경험이나 지식, 사고는 매우 한정적이기 때문에, 성공과 행복의 기술이 이 땅에 존재한다고 할지라도, 정확히 찾아낼 수 없다는 사실이다. 그렇다면 어떻게 해야 할까? 현인 중 한 명인 소크라테스의 말을 빌려 보자.

"남의 책을 많이 읽어라. 남이 고생하여 얻은 지식을 아주 쉽게 내 것으로 만들 수 있고, 그것으로 자기 발전을 이룰 수 있다."

그렇다. 타인의 책을 엄청나게 많이 읽고, 그것을 통

해 엄청난 발전을 이루어 내면 성공과 행복의 기술을 정확히 찾아낼 수 있다. 그러한 생각으로 다니던 직장을 그만두고 조용한(?) 지방에 내려와 3년 동안 도서관에만 처박혀 목숨을 걸고 책을 읽었다. 3년 정도의 기간 동안 책을 읽다 보니 책의 고수가 되었다. 누구라도 그렇게 책을 읽으면 독서 고수가 될 것이다. 읽다 보니 처음에는 한 권의 책을 읽는 데 며칠이 걸렸지만, 이제는 한 권의 책을 읽는 데 30분이면 충분하게 되었다. 하루 열 권 이상의 책을 거뜬히 독파할 수 있게 되었고, 일 년이면 대략 3,000권을, 3년이 되니 대략 9,000권의 책을 읽은 것이 되었다. 지금은 만 권의 책을 충분히 독파했다고 여겨진다.

책의 위력은 실로 엄청났다. 그 어떤 바보라도 한 달에 서너 권의 책을 쓸 만큼의 다작가로 도약하게 만드는 것이 수만 권 책의 위력임을 필자는 몸소 체험했다. 3년 전에는 책 한 권이 아니라 문장 하나도 제대로 만들지 못했던 둔재가 이제는 안에서부터 책들이 넘쳐흐르는 기이한 현상을 경험했다. 오히려 몸이 더 이상 받쳐 주지 않는다는 사실도 알게 되었다. 하루에 열 시간이고 열다섯 시간이고 계속 쓸 수 있지만, 몸의 여기저기서 난리가 나기 때문이다.

만 권의 책을 읽어 보지 않은 사람은 만 권의 책을 읽은 사람에게 생기는 놀라운 의식과 사고의 팽창을 이해하지 못한다. 그것은 대학교를 다녀 보지 않은 사람이 대학교 생활에 대해 잘 모르거나, 혹은 군대를 가보지 않은 여자들이 군대에서 3년 동안(필자가 다녔을 때는 3년 가까운 30개월이었다) 인생의 진수를 느끼고 정신적으로 성장하는 남자들을 이해할 수 없는 것과 마찬가지이다. 만 권의 책을 읽은 두 명의 선배에게 그 놀라운 경험을 들어 보자. 중국의 시성 두보杜甫와 추사 김정희 선생이다.

중국 최고의 시인으로 시성이라 불렸던 두보는 '만 권의 책을 읽으면 글을 쓰는 것도 신의 경지에 이른다讀書 破萬卷下筆 如有神' 라고 말한 바 있다. 평생 글쓰기에 대한 교육을 받은 적이 없고, 그쪽 분야의 전공과 전혀 상관이 없는 평범한 공학도에 평범한 직장인으로, 이제 머리가 굳을 만큼 굳은 중년의 나이에 다양한 분야의 책을 써낼 수 있는 사람으로 성장할 수 있었던 것은 오롯이 만 권의 책의 위력임에 틀림이 없다.

추사 김정희 역시 ‘만 권의 책을 읽으면 그림과 글이 절로 나온다’ 라고 말한 바 있다. 이 말이 거짓이 아니라 진실임을 알게 되었다. 필자는 만 권의 책을 읽은 후 글을 쓰지 않고는 버틸 수 없는 강력한 글쓰기 욕망을 체험했기 때문이다. 뿐만 아니라, 도저히 컴퓨터 자판을 두드리는 속도가 따라오지 못할 정도로 내면에서 글이 뿜어져 나오는 경험을 너무나 자주 했다.

이 책도 필자의 경험의 소산물이다. 만 권의 책을 통해 얻게 된 성공과 행복의 7가지 기술을 함께 나누기 위해 이 책을 썼다. ‘대부분의 사람은 행복해지려고 결심한 만큼 행복해진다’ 는 링컨의 말처럼, 우리는 행복해지려고 결심하고 노력한 만큼 행복해질 수 있다. 성공하려고 결심하고 노력한 만큼 성공할 수도 있다. 이 책은 그렇게 결심하고 노력하는 사람들을 위한 책이다.

목차

제10장. 목표설정 目標設定 _ 목표가 없는 것이 실패 원인이다

목표 설정은 스마트 S.M.A.R.T 하게 하라

꿈과 목표는 성공으로 이어진다

목표가 없는 것이 실패의 원인이다

열정과 비전과 목표는 내면의 소리에서 비롯된다

에필로그_ 성공과 행복은 우리 안에 있다

당신이 가진 축복들을 헤아려 보라.

그리고 그것들을 가지지 못했을 때

당신이 얼마나 갈망했는가를 생각하면서

감사히 여겨라.

－ 아우렐리우스 －

제8장. 수미일관 首尾一貫_ 성공은 과정에 있다.

달성하든 못하든 목표는 생활을 위대히게 한다.

– 로버트 브라우닝

삶의 목적은 찾아낼 가치가 있는 유일한 행운이다.

– 로버트 루이스 스티븐슨

활력은 비전의 산물이다. 그 어떤 것에 대한 비전이 없다면 활력은 감소되고, 생명력은 약해진다.

– 에리히 프롬

성공에 가장 필요한 조건은 한 가지 일념으로 목표를 향해 전진해 나가는 것이다.
– 프레드 스미스

우리의 목적은 우리의 모든 행동을 통해서 드러난다.
– 레오 버스카글리아

비전이 없는 백성은 망하나니……. – 《성경》

마음에 품은 비전에 담긴 숭고한 목적을 항상 생각하라. – 마크 피셔

미래는 자신의 꿈이 아름답다고 믿는 자의 것이다.
– 엘리노어 루스벨트

목표가 없는 삶은 살 가치가 없다. – 주디 블룸

– 행복의 본질은 몰입할 수 있는 일에 있다

《몰입》의 저자인 미하이 칙센트미하이는 우리 인간이 일이나 과제에서 얻을 수 있는 가장 최상의 경험을 하는 순간이 몰입 상태라고 말한다. 그는 물이 흘러가듯 가장 자연스럽게 흐르는 순간이라고 해서 플로우flow라고 명명했다. 몰입 상태에서 우리는 없어지고, 일에 빨려 들고, 몰아沒我와 무아지경無我之境의 상태가 되어 최고의 보상을 받게 된다.

누구라도 한 번쯤은 경험이 있을 것이다. 잠시 무엇인가를 한 것 같은데, 서너 시간이 훌쩍 지나가 버리는 경험 말이다. 무엇을 하든 완전히 집중하고 있다는 사실조차 까맣게 잊는다. 시간이 가는지도 까맣게 잊는다. 무아지경의 상태, 몰아의 경지에 이르면 무엇보다 큰 성과를 얻게 된다. 몰입 스위치의 가장 큰 유익이다.

몰입하기 위해서는 자신의 능력과 과제의 난이도가 잘 맞아떨어져야 한다. 너무 쉬우면 지루함을 느껴서 오래 하지 못하고 재미도 없다. 당연히 집중할 수 없다. 너무 어려우면 불안하고 초조하다. 당연히 재미도 없고, 집중할 수도 없다. 적당히 어렵고, 적당히 도전적인 과제를 하면 능력이 최대한 발휘된다. 집중하여 몰입의 경지로 나아갈 수 있게 된다.

몰입의 경험을 자신의 일을 통해 얻는 사람은 그야말로 일석이조의 효과를 누릴 수 있다. 매일 힘겹게 해야 하는 일에서 무아지경의 경지에 도달하게 되면 현재에도 최상의 순간을 경험하면서, 미래의 성공과 성과까지 한꺼번에 바라볼 수 있게 된다. 그렇기 때문에 일에서 몰입을 경험하는 사람만큼 행복한 사람이 없는 것이다.

행복은 소유나 소비가 아니라 생산을 통해 느낄 수 있다. 일과 몰입을 통하여 느끼는 행복은 참된 행복이라고 말할 수 있다. 자신의 일을 좋아하고 진정으로 몰입할 줄 아는 사람들은 최소한 일을 할 때에는 행복할 수 있다. 그 일이 생계를 도와주고 보장해 주는 일이라면 더할 나위 없이 행복한 조건을 갖추는 셈이다.

비록 많이 윤택하거나 부유하지는 않다고 해도, 일 자체에서 느끼는 행복은 이 세상의 모든 부로도 살 수 없다. 우리는 일과 몰입 스위치의 중요성을 새삼 깨닫게 된다.

미국 하버드 대학교의 샤하르 교수는 행복에 대해서 산의 정상을 오르는 과정이라고 정의 하였다. 그는 행복한 사람은 성취주의자도, 쾌락주의자도, 허무주의자도 아닌, 현재의 삶과 일의 과정을 즐길 줄 아는 행복주의자들이라고 말한다.

성취주의자들은 미래에 자신의 목표가 성취되기만 하면 행복해질 수 있다는 환상에 빠져 산다. 미래의 노예로 살고 있는 사람들이다. 쾌락주의자는 단순히 순간의 쾌락만을 중시한다. 순간의 노예로 살고 있는 사람들이다. 허무주의자들은 현재와 미래에 대한 어떠한 가치와 목적도 없다. 단지 과거의 노예로 살고 있는 사람들에 불과하다.

행복주의자들은 산의 정상을 오르는 과정에서 진정으로 기쁨과 즐거움을 누릴 줄 아는 사람들이다. 그들은 지속적인 행복을 얻을 수 있다. 행복은 산의 정상에 도달하는 것, 즉 성취 그 자체가 아니다. 산 주위를 아무 목적 없이 배회하며 순간을 즐기는 것도 아니다. 목적과 목표를 향해 한 걸음씩 올라가는 과정을 거쳐 행복을 얻을 수 있다.

일과 몰입은 샤하르 교수의 주장에 가장 부합하는 행복의 기술이다. 자기 일을 사랑하고, 일을 하는 과정에서 자연스럽게 몰입하는 그 순간이 최고로 행복한 순간이다.

쾌락처럼 순간의 기쁨과 즐거움을 최대로 하는 행위는 행복이라고 할 수 없다. 행복을 구성하기 위해서는 현재의 즐거움과 의미가 있어야만 하기 때문이다. 일과 몰입을 통한 행복은 현재의 기쁨, 미래의 유익, 성공이라는 의미, 가치 있고 건설적인 삶이라는 의미 모두가 포함되어 있다.

행복한 삶보다 더욱 행복한 삶은 의미 있는 삶이다. 삶의 의미를 통해 우리가 느끼는 행복을 보다 더 많이 누릴 수 있다. 가치 있는 삶을 살고 있다면 약간 힘들고 어려운 시기일지라도 행복을 느낄 수 있다. 더욱더 가치 있는 삶이 되게 하는 방법은 우리가 선택하는 일이 보다 가치 있고 의미 있는 일이 되도록 하는 것이다.

일을 바꾸지 않을 바에는 지금 하는 일이 매우 의미 있고 가치 있는 일이라는 사실을 새롭게 발견하고 재정의해야 한다.

똑같은 회사에서 똑같은 일을 하는 두 사람이 있다. 한 사람은 자신의 일을 자기 나름대로 재정의하여 큰 의미와 가치를 두었다. 다른 한 사람은 하기 싫어도 그저 돈을 벌기 위해 해야 한다고 생각해 다른 의미와 가치를 두지 않았다.

두 사람의 회사 생활과 근무 태도, 업무 실적은 처음에는 차이가 크지 않다. 십 년이라는 세월이 지난 뒤에 살펴보면 차이가 커진다.

자기 일에 큰 의미와 가치를 둔 사람은 그 분야에서 최고의 대가가 될 것이다. 자기 생각대로 정말 큰 의미와 가치가 있는 일이 된다. 그저 돈을 벌기 위한 수단으로만 생각했던 사람은 십 년이라 세월 동안 어떠한 발전도, 변화도 없이 그 자리를 유지할 것이다. 돈만 버는 기계로 살았을 뿐이고, 아무것도 이룩하지 못한 사람이 된다.

자기 일에 큰 의미와 가치를 두는 순간부터 그는 능력을 최대한 발휘하게 된다. 최선을 다해 자기 일에서 큰 의미와 가치를 실현하기 위해 노력하게 된다. 결국에는 행복한 세월을 보낼 수 있게 된다.

일과 몰입에 있어 중요한 유익성은 잠재된 능력을 깨워서 자신을 실현하는 직접적인 실현 스위치라는 점이다. 우리가 가치 있게 생각하는 것, 의미를 두는 것을 실현하기 위해 하루하루 나아갈 수 있도록 도와주는 스위치가 일과 몰입 스위치이다. 따라서 성공과 업적이 따라오게 된다. 현재를 즐기고 누리면서, 동시에 미래의 성공이 보장되어 있는 스위치인 셈이다.

성공한 많은 인물이 자기 일을 너무나 좋아했다. 그 일에 완전히 몰입되어 날마다 일을 즐기고 마음껏 누렸다. 그 결과 성공이라는 달콤한 보상도 따라왔던 것이다.

위대한 발명가 에디슨은 다음과 같은 말을 남겼다.

"나는 일생 동안 단 하루도 일을 해본 적이 없다. 모든 일을 오락처럼 즐겼기 때문이다."

수많은 사람이 행복하지 못한 채 성공도 못 하고 삶을 살아간다. 성공에 너무 집착하여 살기 때문이다. 사람들은 성공하면 행복해질 것이라고 생각한다. 성공하기 위해 현재의 기쁨과 즐거움을 모두 성공을 한 후로 미루고 있다. 성공을 빨리 얻기 위해 현재를 양보한다. 다만 미래의 성공을 위해 오늘을 달려가고 있다. 이러한 사람들은 중도에 탈진한다. 성공하려는 욕구를 포기하게 되고, 이것도 저것도 아닌 인생이 된다.

헨리 데이비드 소로는 다음과 같은 말을 했다.

"사람들은 대부분 조용한 절망의 삶을 살고 있다."

극히 소수의 사람이 성공한다. 그때 그 사람들은 알게 된다. 성공이 행복과 아무 관련이 없음을 말이다. 정작 행복은 성공이라는 목표를 향해 하루하루 나아가는 과정에 있던 일상과 성공의 도구였던 일이었음을 알게 된다.

– 성공하는 사람들은 일하는 과정에서 기쁨을 느낀다

정상에 올라가겠다는 목표에 너무 집착하여 산을 올라가면, 그 목표에 얽매여 등반 과정에서 느낄 수 있는 기쁨과 상쾌함을 잃어버린다. 오직 산의 정상에 가야만 한다는 부정적 감정 때문에 에너지가 고갈되어 결국 중간에 탈진으로 포기하기도 한다.

목표에 집착하지 않고 산에 오르는 과정을 즐겨 보라. 경치를 보고, 산새의 지저귀는 소리도 듣고, 신선한 공기를 온몸으로 마시며 올라가는 사람들은 말한다. 이상하게도 올라갈수록 에너지가 고갈되기는커녕 오히려 내면에서 큰 에너지와 힘이 발산되어 심신이 건강해지고 강해짐을 느끼게 된다고 한다.

우리의 인생도 같은 이치로 살아야 한다. 하루하루 그날의 기쁨과 즐거움, 살아 있음을 온몸으로 감사하고 행복해하며 정상을 향해 나아가야 한다. 결코 집착하지 않고 현재의 삶을 누리며 살아간다면 하루하루 에너지와 힘이 더욱더 발산되어 건강해지고 강해진다. 정상에 너무 집착하여 앞만 보고 달리다 보면 문득 건강이 악화되고, 모든 에너지가 고갈되어 매우 위험한 상황에 빠지게 된다. 땅을 치고 후회한들 소용없음을 뒤늦게 깨닫는 경우가 있다. 바로 등산의 이치 같다.

우리의 인생도 여행이나 등산과 같다고 말하고 싶다. 같은 원리가 우리 삶에 그대로 적용되기 때문에 하루하루 일을 통해, 몰입을 통해 참다운 희열과 기쁨을 누리는 것이 좋다. 하루하루 최선을 다할 때 더 많은 에너지와 기쁨이 샘솟는다는 이치를 알아야 한다.

지혜의 왕인 솔로몬 역시 인생은 모두 헛되고 괴로운 것이라 했다. 해 아래 새로운 것이 없을 만큼 헛되고 헛되다고 했다. 그가 유일하게 인생에 있어 찬양하는 것이 있다. 자기 일을 통해 기쁨을 누리는 것이다. 솔로몬이 쓴 《전도서》에 따르면, 노동을 통해서 우리 마음속에 생겨나는 기쁨과 즐거움은 창조주의 응답이며 선물이라고 한다.

솔로몬의 주장을 정확하게 짚은 심리학자는 프로이트이다. 그는 '인간은 일하는 동안 현실과 하나가 되었다는 데서 심리적 안정을 찾는다' 라고 말했다. 인간은 일을 통해 심리적 안정 같은 많은 유익함을 얻게 된다.

많은 사람은 일중독(워커홀릭)을 조심해야 한다고 말하면서도 벗어나지 못하고 있다. 그 일중독보다 무서운 것은 일을 하지 않고 무위도식하는 행위이다. 과로로 죽는 사람보다 일을 하지 않아서 걸리는 우울증과 무력감 등 온갖 정신적 질환으로 인해 자살하거나 불행한 삶을 살아가는 사람들이 훨씬 더 많다는 사실이 밝혀졌다.

그렇다고 과로로 건강이 나빠질 때까지 일을 하라는 말은 아니다. 다만 일을 즐기면 과로를 해도 마음은 즐거워서 피로를 적게 느끼고 빨리 회복된다. 즐겁게 일하는 사람은 그만큼 몸도 따라 준다. 수많은 사람은 일을 하며 땀 흘리고 몰입할 때, 진정한 기쁨임을 발견한다. 헨리 워즈워스 롱펠로는 다음과 같이 말을 했다.

"땀 흘리며 일하는 기쁨을 맛보라."

일로써 의미와 기쁨을 누릴 수 있다면 최고의 일 스위치를 발견하고 켠 상태와 다름없다. 불행히도 많은 사람은 일을 하며 의미와 기쁨을 찾기보다 생계를 위해 하기 싫어도 해야 하는 처지이다. 말 그대로 노동의 의미가 더욱 강하다는 사실을 부인할 수 없다.

히브리어로 일 'avoda' 이라는 단어는 노예 'eved' 와 어원이 같다. 일은 노예들이 살기 위해 해야만 하는 노동의 의미가 강하다. 그래서 일을 하며 일의 주인이 되는 사람과 일의 노예가 되는 사람으로 이분화된다. 자신이 어디에 서 있는가가 매우 중요하다.

일의 주인이 되어 일하는 사람은 일을 즐기는 사람이다. 일을 즐기는 사람은 자신의 내면에서 잠자던 에너지와 능력이 무궁무진하게 나오게 하는 사람이다. 일의 노예가 되면 최소한의 에너지와 능력만 발휘하면서 생계유지에만 만족한다. 그 사람은 재미없고 불행한 날을 보내게 된다.

누구에게는 매일 하는 일이 단지 소득원만 되어 그 이상도 그 이하도 아니다. 또 다른 누구에게는 매일 하는 일이 자신에게 부여된 특권이 되어 즐거움과 자아실현의 도구가 된다. 이 차이를 간과해서는 안 된다.

아무리 능력이 뛰어난 사람도 전자의 입장에서 일을 하며 평생 살아간다면 성공을 장담할 수 없다. 하루하루가 의미 있고 신나지 않을 것이다. 후자의 입장에서 평생 일을 즐기며 최선을 다해 살아간다면 설사 재능이나 능력이 조금 부족해도 곧 만회되어 큰 성공을 거둘 수 있다. 하루하루가 정말로 신나고 재미있는 인생을 살아 갈 수 있는 것이다.

– 일에 의미와 가치를 부여하라

이웃 나라 일본의 오키나와 군도에 있는 장수 마을에는 1,300명의 주민들이 살고 있다. 그중에 무려 630명이 100세 이상의 고령이다. 세계의 그 어떤 지역도 따라오지 못하는 최고의 장수 비율을 가진 마을이다. 이 장수 마을의 비결은 다름 아닌 '일 스위치' 이다. 고령의 노인들 가운데 거의 대부분의 노인들이 여전히 젊은 사람처럼 즐겁게 일을 하고 있다.

전 세계의 전문가들이 장수 비결을 발견하기 위해 노력하고 있다. 그들이 발견한 가장 큰 비결은 '아무리 나이가 많아도 일을 한다' 는 점이다. 그것도 젊은이와 같이 즐겁게 일하고 생활한다. 일을 하면 장수할 수 있다는 사실을 발견한 학자는 곤충학자인 파브르인 듯하다. 그는 다음과 같은 말로 일의 유익함을 주장한 바 있다.

"일한다는 것은 애오라지 생명을 얻는 궁극의 법칙이다. 벌레고 사람이고 간에 번민 있는 자의 더없는 위안이다."

일 스위치를 켜기만 해도 큰 유익함이 있지만, 덧붙여 그 일이 자신이 좋아하는 일이라면 더할 나위 없이 좋다. 만약 자신이 좋아하지 않는 일을 한다면 그 부정적인 영향을 간과할 수 없다. 자신이 좋아하는 일을 할 때에는 일 자체가 엄청난 스위치의 역할을 한다.

불행하게도 좋아하지 않고 적성에도 맞지 않는 일을 생계 때문에 하는 사람들은 그야말로 불쌍한 사람들이다. 자신이 좋아하지 않는 일을 해서 크게 성공한 사람이란 있을 수 없다. 설사 자기가 하기 싫은 일을 평생 동안 해서 결국에는 부와 명예를 획득한 사람이라 해고 그 대가가 너무 크다.

자신이 하는 일이 단순 노역인지, 복잡한 전문성을 갖춘 일인지는 중요하지 않다. 오히려 자신의 일에 어떠한 의미와 가치를 부여하느냐에 따라 단순 노역이 될 수도 있고, 소명이 될 수도 있다. 청소부라도 자신의 일에 깨끗한 세상을 만들어 주위 사람들에게 쾌적함과 기쁨을 선사한다는 의미를 부여하면, 단순 노역이 아니라 소명이 되어 무한한 에너지와 창조성이 발휘된다. 매우 창조적인 방식과 활기찬 자세로 일을 하기에, 단순 노역인 청소 일을 통해서도 매우 큰 가치를 지닐 수 있다는 것이다. 미용사와 간호사, 요리사와 같은 대부분의 직종에서도 동일한 원리가 작용한다. 자신이 하는 일이 무엇이든 무한한 에너지와 창조성, 활기와 능력을 끄집어 낼 수 있다. 자신의 일에 의미와 가치를 부여하고 새로운 시각으로 자신의 일을 바라보면 전혀 다른 자세와 각오로 일하게 된다.

"이 세상은 우리가 마음먹기에 따라 지옥이 될 수도 있고, 천국이 될 수도 있다."

랠프 왈도 에머슨의 말은 원리는 우리가 하는 일에도 그대로 적용이 된다.

"우리가 하는 일은 우리가 마음먹기에 따라 노역이 될 수도 있고, 소명이 될 수도 있다."

어떠한 일을 선택할지는 자신의 몫이고 선택이다. 하지만 그 결과는 인생과 성공을 좌우한다. 이왕 일을 평생 동안 해야 한다면, 자신을 가장 행복하게 해줄 일을 선택해야 한다. 자신의 내면에 숨어 있는 에너지와 창조성,

능력과 열정을 폭발시킬 일을 선택해야 한다. 그러면 성공은 자연스럽게 따라온다.

자신이 지금 하고 있는 일에 어떤 의미와 가치를 부여할지에 따라 노역이 될 수도 있고, 소명이 될 수도 있다는 이야기도 하였다. 당신은 당신의 일을 단순한 노역으로 만들 것인가? 아니면 숭고한 가치와 의미가 있는 소명으로 만들 것인가? 선택은 당신의 몫이다.

– 진정한 성공의 법칙

세계를 모두 차지하고 정복한 나폴레옹은 과연 행복했을까? 과연 우리는 그를 성공한 인생이라고 평가하고 있는가? 그는 다음과 같은 말로 자기 인생에 대한 슬픈 고백을 했다.

“내 생애에 행복한 날은 단 6일밖에 없었다.”

그는 자기의 야망과 욕심을 채우는 데 평생을 투자한 사람이었다. 그의 생애에 유일하게 행복했던 6일은 아마도 자기보다 타인을 위한 삶을 살았던 6일이었으리라고 생각해 볼 수 있다.

나폴레옹은 역사에 길이 남는 정복자일지는 모르지만, 정작 자신은 행복과는 관계가 없는 사람이었다. 그에게 불가능만 없었던 것이 아니다. 사랑을 나누고 베풀 따스한 인간관계도 없었다. 그에게는 오직 충성스럽고 용맹스러운 부하들만 있었다. 전 유럽을 모두 소유하고 정복한 그도 행복한 삶을 살지 못했다. 과연 그는 무엇 때문에 그러한 인생을 살았을까? 아이러니하게도 그 역시 행복해지고 싶어서 그랬지 않았을까?

“모든 사람은 행복을 추구하며, 여기에 예외는 없다. 행복을 추구하는 수단은 저마다 다를지라도 그 모든 것은 한 지점을 향하고 있다. …… 행복은 모든 이들의 모든 행동의 동기이며, 심지어 목을 매달아 죽는 사람도 이 점은 같다.”

블레즈 파스칼의 말을 토대로 한다면, 나폴레옹도 행복을 추구하기 위해 전 유럽을 정복하였다. 하지만 정작 자신은 행복하지 못했다. 위대한 철학자 토마스 칼라일의 말은 우리가 자주 생각해 봐야 할 명제이다.

“내가 소유한 것이 아니라, 내가 행하는 것이 곧 내 삶을 결정한다.”

행복하기 위해서는 자기 자신의 욕심과 야망을 내려놓아야 한다. 먼저 타인을 행복하고 윤택하게 해주는 행동이 성공적이며 행복한 삶을 살 수 있게 한다

듀크 대학의 심리학자인 에릭 파이퍼는 지혜롭게 나이

먹는 사람들의 공통점을 연구하였다. 그런 사람들의 공통점 세 가지 중에 하나가 좋은 인간관계였다. 이처럼 좋은 인간관계는 보다 나은 삶의 질을 제공해 준다.

성공해도 불행한 사람이 있는 반면, 그다지 큰 성공은 하지 못해도 행복한 사람이 있다. 그 비결 역시 좋은 인간관계의 형성이라고 말할 수 있다. 또 하나는 남에게 베풀 줄 아는 이타적이고 사랑 가득한 마음이다. 자신만을 생각하는 이기적인 생각으로는 그 어떤 감사하는 마음이나 축복하는 마음, 베풀고 나누는 마음이 발생하지 않는다.

당신이 지금까지 성공하지 못했다면, 그리고 당신이 지금까지 행복하지 못했다면 능력이나 재능이 부족했기 때문이 아니다. 자기 자신만을 생각하는 이기적인 마음 자세 때문이다. 이 사실을 제대로 이해하는 사람은 이제부터 행복하고 성공적인 삶을 살아갈 수 있다.

《정상에서 만납시다》와 《시도하지 않으면 아무것도 할 수 없다》의 저자인 지그 지글러는 진정한 성공의 법칙은 '많이 베풀고, 많이 주고, 많은 노력을 하는 것' 이라고 말했다. 역사적으로나 지금이나 세계에서 가장 성공한 사람들과 행복한 사람들에게는 분명한 한 가지 공통점이 있다. 자신들이 가지고 있다면 무엇이든 상관하지 않고 내놓는다는 것이다.

세계 최고의 갑부 워렌 버핏도 그렇고, 빌 게이츠도, 슈바이처도, 아인슈타인도, 헬렌 켈러도, 테네사 수녀도, 김대중 전 대통령도 그렇다. 모두 원하고, 요청하고, 받기만 하려 했던 부류의 사람이 아니다. 세상이 원하는 것을 내놓고 베푸는 부류의 사람들이었다.

자신이 원하는 것을 요청하고 받은 사람들은 정작 행복하지 못하다. 수많은 로또 당첨자들을 보라. 1년 안에 거의 대부분의 당첨자들이 로또 당첨 전보다 못하거나, 그 수준의 행복만큼 못 느낀다는 조사 결과가 있다.

세계 최고의 부자 대열에 오랫동안 올라서 있는 워렌 버핏과 빌 게이츠 역시, 아무리 돈이 많아도 함께 사랑을 나누고 정을 나눌 사람들이 없다면 불행할 뿐이라고 말한다. 그들은 누구보다 많은 기부에 앞장서고 있다.

생후 20개월 만에 시각과 청각을 모두 잃은 헬렌 켈러는 아무것도 가진 것 없이 불행할 수밖에 없는 신체 조건으로 인생을 시작했다. 평생 그러한 조건에서 살았음에도 아낌없이 봉사와 헌신을 수행했기 때문에 그녀는 누구보다 값진 행복과 성공적인 삶을 살 수 있었다.

급기야 그녀는 '내 생애에 행복하지 않은 날은 단 하루도 없었다' 라고 말할 정도로 자신을 넘어서고 타인을 먼저 생각했던 사람이다.

만약 그녀가 자신만을 생각하고, 원하는 것만 요청하며 평생 살았다면? 많은 물질을 소유한 사람이 되었을지는 모르지만, 결코 행복하고 성공적인 삶을 살지는 못했을 것이다.

행복하고 성공적인 삶은 결코 소유에 있지 않고 베풂에 있기 때문이다. 우리가 스스로 만들어 나가야 하는 관계 속에 참된 행복과 성공의 의미가 숨어 있다.

제대로 된 성공과 부와 행복을 말하는 도서들은 한결같이 자신이 변화하고 성장해야 한다고 주장한다. 욕심이나 집착, 탐욕, 이기심을 모두 뛰어넘어 진정 자신보다 타인을 사랑하고 행복하게 해줄 수 있는 사람이 되어야 성공과 부가 찾아와 행복해질 수 있다고 말한다.

하지만 얄팍한 방법 위주의 성공학 도서들은 자신에 대해 성찰하거나 목표를 세울 필요가 없다고 주장한다. 원하는 것을 찾고, 요청하고, 이미 이루어졌다고 믿고, 받으라고만 말한다. 성급한 현대인들이 열광할 만하게 신속하고, 정확하고, 쿨하게 말한다.

'요청하고, 믿고, 받아라' 고 말이다.

이보다 이기적이고, 탐욕과 욕심을 부추기는 책이 어디 있을까? 우물가에 가서 숭늉을 간절히 원하고, 요청하고, 믿고, 마시라는 말과 다를 바 없다.

세상에 있는 모든 것을 원하고, 원한 것을 모두 가질 수 있다고 해서 절대 행복한 삶을 살 수는 없다. 행복은 소유물로 결정되는 것이 아니라, 내가 어떤 사람이냐에 따라 결정되기 때문이다. 내가 하루하루를 어떤 방식으로, 어떤 생각을 가지고, 어떤 자세와 태도로 살아가느냐에 따라 결정된다. 이러한 사실을 아주 잘 설명해 놓은 책이 이미 전 세계 수백만 독자들과 회사들을 신명 나고 활기차게 만든 《펄떡이는 물고기처럼》과 2탄 격인 《성공하는 삶을 위한 FISH! 철학》이다.

이 책들에서 주장하는 핵심 내용은 행복하고 성공적인 삶을 살고 싶다면 4가지 피시FISH 철학을 실천하라는 것이다.

그 실천 철학의 핵심은 한 마디로 이것이다.

* 기쁜 마음으로 재미있게 일상생활 속에서 즐거움을 발견하라.
* 타인에게 특별한 관심을 가져 상대를 감동시키고 행복하게 하라.
* 몸과 마음과 생각을 집중하여 타인에게 귀 기울이라.

행복하고 활기차게 사는 놀라운 비결은 타인에게 특별한 관심을 가지고, 타인에게 집중하고, 타인에게 봉사하는 것이라고 주장한다.

피시 철학과 삶의 방식을 통해 보다 활기차고 즐겁게 살아갈 수 있다. 내가 하루하루를 어떤 방식으로, 어떤 자세와 태도를 가지고 살아가는 사람이냐에 따라 나의 행복과 성공이 결정된다는 것을 이 책들은 분명하게 말해 주고 있다.

유럽을 뒤흔든 베스트셀러인 《디퍼 시크릿The Deeper Secret》의 저자 안네마리 포스트마는 주장했다.

우리가 돈의 노예가 아닌 진정한 주인이 될 때, 즉 돈이나 지위를 얻으려는 욕심이 우리의 목표가 아닐 때, 그것들 때문에 걱정하지 않고 집착하지 않으면서도, 그것들을 완전하게 즐기고 가치를 제대로 인정할 때, 우리는 이기심이 필요하지 않은 경지에 이른다.

경지에 이르면 우리에게 그것들이 흘러 들어올 준비가 완료된다. 그것이 우주의 법칙이라고 말했다. 일부 성공학 책들이 강조하는 원하기, 요청하기, 믿기, 소유하기는 우주의 법칙이 아니다.

주는 만큼 받는 것이 우주의 법칙이다. 그녀는 '성공하는 삶을 창조하는 12가지 법칙' 중에 하나가 받고 싶은 만큼 주는 법을 배우는 것이라고 말한다. 우리는 항상 주는 만큼 정확하게 돌려받기 때문이다.

– 참다운 성공이란?

130권의 방대한 인간학 보고서인 사마천의 《사기史記》에는 춘추 시기 정鄭 나라의 자산子産의 성공 스토리가 나온다. 이 스토리의 핵심 교훈은 하나이다.

“손해를 보는 것이 복이다.”

자산은 어릴 때부터 항상 손해를 보고 양보하는 능력이 남들보다 탁월했다. 놀이에서 이겨도 고의적으로 졌다고 말하는 경우가 많아서 친구들이 언제나 그를 좋아했다.

어른이 되어 관직에 올랐을 때에도 언제나 양보하고 손해 보는 쪽을 선택하며 살았다. 그는 승상이 되어서도 직접적인 손해가 되는 일이라도 멀리 보는 안목으로 양보하면서 나라를 다스렸다. 그 결과 자신의 나라를 크게 부흥시켰다.

자신이 손해 보지 않겠다는 심리는 성공의 최대 적이다. 성공하는 사람들은 하나같이 자신의 손해라도 너그

럽게 볼 줄 아는 도량과 안목이 큰 사람들이다. 눈앞의 이익을 포기할 줄 알고, 조금 손해 볼 줄 알고, 아랫사람이나 타인의 이익을 먼저 챙겨 주는 사람들이다. 성공은 언제나 혼자 능력이 뛰어나서 되는 것이 아니다. 많은 사람들의 지지와 도움이 반드시 필요하다.

성공하는 사람들은 대체로 다른 사람들에게 먼저 이익이 돌아가도록 행동한다. 성공하는 사람들은 먼저 다른 사람들의 이익을 구하고 자신의 이익을 구하지 않는다. 눈앞의 이익을 포기할 줄 아는 아량과 멀리 내다볼 줄 아는 안목이 성공하는 사람들에게 필수적인 덕성인 셈이다.

이러한 원리는 기업에 그대로 적용이 된다. 1,300년 동안 번영을 누리고 있는 기업이 있다. 일본에 있는 세계 최고最古 호텔 '호시료칸' 이다. 가장 오래되었다고는 해도 연 매출이 약 80억 원 정도로 손색없는 호텔이다. 과연 어떻게 1,300년 동안 몰락하지 않고 번영을 계속 누리고 있을까?

그 비결은 찾아오는 고객들에게 아낌없이 베풀고 최고

의 정성을 다하겠다는 서비스 모토인 일기일회一期一會에 있다. 일기일회란 일생에 단 한 번뿐인 만남이라는 생각으로 모든 정성과 베풂을 고객에게 다한다는 뜻이다.

수많은 기업들은 효율을 중시한다. 고객들을 위해 서비스를 해도 절대 손해 보지 않고 낭비를 줄이려고 한다. 이 호텔은 그 반대이다.

현대 기업들의 지혜와 기술로 평가받고 있는 효율성을 거부하고 아낌없이 베풀기 위해 아예 낭비를 적극적으로 격려하고 있다. 수많은 기업들과 호텔들이 돈이 안 되는 서비스에서 돈이 되는 서비스로 옮겨 갈 때, 호시료칸은 반대로 움직였다. 돈이 안 되어도 고객들이 좀 더 많이 경험하고 체험할 수 있게 했다. 보다 나은 환경에서 풍족하게 호텔을 이용하도록 호텔 곳곳에 낭비 요소를 선택한 것이다.

인근의 시설 좋은 현대식 호텔들이 줄줄이 망했지만, 참된 고객 중심 경영을 한 호시료칸은 1,300년 동안 여전히 독보적인 인기와 호황을 누리고 있다. '조상 대대로 손님에게 최선의 봉사를 하는 것이 호시료칸의 빼놓을 수 없는 경영 철학' 이라고 사장은 말한다. 어떠한 불황이 닥쳐와도 호시료칸의 번영을 막을 수는 없을 것이다.

우리나라에서도 비슷한 예를 찾아볼 수 있다. 부불삼대富不三代라는 말이 있다. 부가 삼대를 넘기 힘들다는 말이다. 그만큼 부를 유지하는 것이 힘들다. 하지만 우리나라에 무려 3백 년간 부를 유지한 가문이 있다. 경주 최 씨 가문이다. 경주 최 씨 가문이 부를 유지할 수 있었던 이유 중 하나는 타인을 행복하고 윤택하게 했던 것이다.

최 씨 가문은 당시에 팽배해 있던 착취 수준의 지주들과 달리 병작반수제竝作半收制를 도입하였다. 농사를 짓는 사람에게 수확물의 절반을 준 것이다. 그야말로 파격적으로 농사짓는 사람들에게 베풀어 주는 것과 다름없었다.

흉년이 들었을 때는 과감히 곳간 문을 열고 모든 굶어 죽는 이들에게 죽을 끓여 먹이도록 하였다. 헐벗은 이들에게는 옷을 지어 입혔다. 소작료를 대폭 탕감해 주기도 했고, 사방 백 리 안에 굶어 죽는 사람이 없도록 하였다.

나눔과 베풂을 통해서 경주 최 부잣집은 무려 삼백 년 동안 부를 유지할 수 있었다. 주면 다시 들어온다. 주지 않고 꽉 움켜쥐면 썩어서 재산이 줄어들 뿐이다. 나누는 삶이 진정 성공적인 삶이다. 데일 카네기의 표현을 빌리자면, '부자인 채로 죽는 사람이 세상에서 제일 바보' 인 이유이다.

미국의 철학자이자 시인인 랠프 왈도 에머슨은 '자신이 한때 이곳에 살아서 단 한 사람의 인생이라도 행복해지는 것, 그것이 진정한 성공이다' 는 명언을 남겼다. 부나 명예만을 쫓는 외형적인 성공은 참다운 성공이 아니다.

참다운 성공은 나로 인해 단 한 사람이라도 행복하게 되는 것이다.

나로 인해 행복해진 사람은 결코 그냥 있지 않는다. 나로 인해 행복해지고, 윤택해지고, 이익을 얻은 자들은 내가 성공의 자리로 나아갈 수 있게 중요한 역할을 한다는 사실을 명심하자.

'아무리 위대한 사람일지라도 다른 사람의 협력 없이 실력을 발휘할 수는 없다' 고 말한 앤드류 카네기의 말처럼, 우리의 성공은 절대 혼자만의 노력이나 인내, 열심, 열정, 투혼, 성실, 재능 같은 것들로 완성되지 않는다. 반드시 타인의 협력과 지지와 도움이 뒷받침되어야만 성공이 완성될 수 있다.

물이 끓기 위해서는 99도에서 마지막 1도가 결정적으로 좌우된다. 마지막 1도가 부족한 물은 99도가 부족한 물과 다를 바 없이 실패작이다. 마지막 1도라고 해서 시소하게 생각해서는 안 된다. 1도가 부족해서 물이 끓지 않는 것과 99도가 부족해서 물이 끓지 않는 것은 모두 끓지 않는다는 점에서 동일하다.

어떻게 보면 성공이라는 물을 끓이기 위해 마지막 1도가 가장 중요할 수도 있다. 마지막 1도의 역할을 하는 것이 좋은 인간관계이다. 좋은 인간관계를 형성하기 위해서는 언제나 자신이 조금 손해 볼 줄 알아야 한다. 자신이 양보할 줄 알아야 한다

눈앞의 이익만 탐하고, 멀리 내다보지 못하고, 크게 보

지 못한다면 큰 이익을 손해 볼 수밖에 없다. 자신보다 남을 먼저 배려하고, 칭찬하고, 용서하고, 양보하고, 손해 볼 줄 아는 사람치고, 인간관계가 나쁜 사람은 없다. 사회생활에 실패한 사람이 없고, 성공하지 못한 사람이 없다.

제1 원리는 병의 치료에도 그대로 적용된다. 미국이 낳은 가장 유명한 행동 과학자로 평가받은 칼 메닝거 박사는 우울증에 걸린 사람에게 가장 도움이 되는 한 가지 치료 요법에 대해 말해 달라는 질문을 받고 오랜 생각 끝에 다음과 같은 대답을 했다.

"더 심한 우울증 환자를 찾아가 그들을 돕게 하는 것입니다."

놀라운 답변은 <USA 투데이>, <CNN> 방송 등을 통해 공개되었다. 그 처방은 매우 놀라운 효과가 있음이 밝혀졌다. 행복해지고 싶고, 성공하고 싶고, 윤택해지고 싶은 사람만이 아니라, 건강해지고 싶은 사람도 자신보다 먼저 타인에게 관심을 돌려야 한다. 자신보다 먼저 타인을 도와주라는 성공과 행복의 제1 기술이 그대로 적용

된다.

가장 중요한 행복의 기술은 타인을 도와주고 행복하게 해주는 것이다. 그러면 자신도 행복의 언덕 위에 의연히 서 있음을 느끼게 된다.

'우리는 베풀기 때문에, (더 많은 것을) 받는다'

이 말은 한 성 프란체스코의 깊은 삶의 지혜를 우리는 배워야 한다. 이 말 그대로이다.

행복을 베풀면 더 큰 행복을 받는다. 부를 베풀면 우리는 더 큰 부를 받는다. 나누어 주고 베풀면서 살아가자.

"우리의 유일한 한계는 스스로가 마음속에 정해놓은 것뿐이다."

– 나폴레온 힐 –

제9장. 내재완만(內在完滿) _ 우주는 당신 안에 있다.

"인간은 스스로 알지 못하는 더 큰 힘을 내면에 지니고 있다."

– 에픽테토스

"우리가 찾는 모든 것은 이미 우리 안에 있다."

– 에크하르트 톨레

" 밖에서 완전함을 찾지 마라. 가장 위대한 세계는 당신 안에 있다."

– 괴테

" 진리는 우리 밖에 있지 않다. 진리는 우리 안에 살고 있다."

– 톨스토이

"행복은 우리 자신의 마음속에서만 찾을 수 있다."

– 아리스토텔레스

"우리가 두려워하는 모든 것은 이미 우리 안에 답을 가지고 있다."

– 칼 융

"나는 천재가 아니다. 다만 한 가지 일을 오래 붙잡고 있었을 뿐이다."

– 알베르트 아인슈타인

"모든 진짜 위대함은 단 하나에의 열정에서 시작된다."

– 프리드리히 니체

"위대한 사람은 단 한 가지 능력을 탁월하게 만든 사람이다."
– 랄프 왈도 에머슨

"우리는 너무 많은 것을 하려고 한다. 그래서 아무것도 이루지 못한다."
– 스티브 잡스

"만능이 되려 하지 마라. 단 하나를 마스터하라. 그러면 나머지는 따라온다."
– 브루스 리

"한 우물을 파라. 그러면 반드시 물이 나온다."
– 명심보감

– 한 가지만 아는 고슴도치가 성공한다.

세상에는 두 가지 타입의 사람이 존재한다. 첫 번째 타입은 이것저것을 다 할 수 있고, 여기저기를 기웃거리며, 다양한 목표를 설정하고, 다양한 사람들을 만나 소위 인적 네트워크를 넓혀가며, 그것이 성공의 길이라고 생각하는 여우 타입이다.

이런 타입의 사람들은 세상 사람들이 성공할 수 있는 방법이라고 제시하는 인맥, 스펙, 지식, 학벌, 재산, 권력, 배경을 중시한다. 그렇기 때문에 이런 타입의 사람들은 잠시라도 가만히 있을 수 없다. 오늘은 이 사람을 만나고, 내일은 저 사람을 만나서 소위 인맥이라는 것을 넓혀가야만 직성이 풀린다.

이런 타입의 사람들의 경우 스스로 자신을 기만하면서도 그 사실을 알지 못 한다. 이들 역시 세상이 휘두르는 대로 휘둘림을 당하는 부류이기 때문이다. 이런 타입의 사람들은 성공을 위해서, 행복을 위해서 이것을 좀 해보다가 저것이 더 좋은 방법이라고 생각되면 잠시라도 지체하지 않고 저것을 한다. 그리고 또 저것을 하다가 또 다른 좋은 방법이 있다고 소문이 들려오면 또 그것을 하기 위해 지금 하고 있는 것을 헌신짝처럼 내 버린다.

어떤 주식이 돈을 벌어다 주고, 어떤 부동산이 대박을 터뜨릴 것이라는 소문이 들리면 그것에 몰려드는 사람들이 이런 부류의 사람들이다.

부모가 이렇게 인생을 살아 가는 모습을 보고, 자녀들도 역시 돈을 잘 벌 수 있는 유망 학과에 몰려 드는 것은 당연한 일이다.

하지만 이런 사람들은 절대 큰 성공을 할 수 없다. 인류 역사상 큰 성공을 하는 사람들은 모두 이와 반대의 유형인 고슴도치 타입이기 때문이다.

고슴도치 타입은 한 가지 일밖에 모른다. 그래서 세상이 아무리 복잡하고 빠르게 돌아간다 해도 여기 저기 기웃거리지 않는 다. 그래서 타인의 눈으로 볼 때 이런 사람들은 우직한 바보와 같이 보인다. 실제로 이들은 우직하고 둔감하다. 하지만 인류는 이런 우직한 바보들, 한 가지 밖에 모르는 고슴도치를 통해 발전하고 성장해 왔다.

고슴도치와 여우의 삶의 모습을 잘 표현한 짐 콜린스의 [좋은 기업을 넘어 위대한 기업으로]를 보면 이런 대목이 나온다.

" 당신은 고슴도치인가, 여우인가?

유명한 수필 <고슴도치와 여우>에서, 이사야 벌린은 고대 그리스 우화를 토대로 세상 사람들을 고슴도치들과 여우들로 나누었다.

'여우는 많은 것을 알지만, 고슴도치는 한 가지 큰 것을 안다.'

여우는 고슴도치를 기습할 복잡한 전략들을 무수히 짜낼 줄 아는 교활한 동물이다. 날이 밝고 날이 어두워지도록 여우는 고슴도치 굴 주변을 빙빙 돌며 고슴도치를 덮칠 완벽한 순간을 기다린다.

민첩하고 늘씬하고 잘생기고 발 빠르고 간사한 여우가 확실한 승자일 것 같다. 반면에 고슴도치는 호저와 작은 아르마딜로를 유전자 합성해 놓은 것 같은 촌스러운 동물이다. 놈은 어기적어기적 점심거리를 찾아다니고 집을 돌보며 단순한 일상에 열중한다.

여우는 갈림길에서 교활한 침묵 속에 고슴도치를 기다린다. 고슴도치가 제 일에만 신경을 쓰면서 여우가 숨어 있는 바로 그곳으로 다가온다.

'야, 이제 잡았다!' 고 여우는 생각한다. 여우가 후닥닥 뛰쳐나가 번개처럼 땅을 가로지른다. 위험을 느낀 작은 고슴도치는 여우를 올려다보며 '또 만났군. 아직도 덜 배웠나?' 하고 생각한다.

고슴도치는 몸을 말아 동그란 작은 공으로 변신한다. 공 둘레에는 작은 가시가 사방으로 돋아나 있다. 사냥감 앞으로 달려온 여우는 고슴도치의 방어 태세를 보고 공격을 멈춘다. 여우는 숲 속으로 퇴각하여 새로운 공격 전략 구상에 착수한다.

고슴도치와 여우 사이에 이런 싸움들이 매일 같이 펼쳐지는데, 여우가 훨씬 교활함에도 이기는 건 늘 고슴도

치다. “ < 짐 콜린스, [좋은 기업을 넘어 위대한 기업으로], 155~156쪽 >

많은 것을 알고 있는 똑똑한 여우가 위대한 일을 하고 성공하는 것이 아니라 한 가지만 알고 그것을 끝까지 하는 고슴도치가 위대한 일을 해 내고 성공한다는 사실을 우리는 알아야 한다.

세계적인 경영 석학인 짐 콜린스는 자신의 명저인 이 책에서 말한다. 많은 것을 알고 많은 목표를 가지고 다양한 방법을 시도하는 리더들이 위대한 기업으로 자신의 기업을 도약시킨 것이 아니라, 그가 고슴도치 컨셉이라고 부르는 단순하고 일관된 단 한 가지의 거대한 목표를 향해 우직하게 나아갔던 리더들이 위대한 기업으로 도약을 시켰다고 말한다.

[빛과 그림자]로 유명한 와타나베 준이치는 일본의 가장 권위있는 문학상인 나오키상을 수상한 거장이다. 그런데 그런 그가 ‘거인은 둔감하다’라는 단순하고 명확한 개념을 역설하고 있는 책을 출간했다. 바로 [둔감력]이란 책이다.

주위 사람들이 뭐라고 해도 그저 '예' '예' 하면서 한 마디로 웃어넘길 줄 아는 꺼벙이 스타일인 어떤 의사가 있었는데, 그 의사는 늘 교수에게 야단을 맞았다. 하지만 그 의사는 항상 특유의 미소와 함께 '예' '예' 라는 대답을 하며 둔감하였다고 한다. 누가 뭐라고 야단을 크게 쳐도 그는 그저 '예' '예' 라고 하면서 웃어넘기며 매우 둔감했지만, 이 사람이 훗날 일본에서 최고의 명의名醫가 되었다는 것이다.

즉 '거인은 둔감하다' 라는 것이다. 세상의 복잡다단한 것들에는 둔감하고, 자신의 단 한 가지 분야의 그 일에서는 가장 예민하게 집중한다는 것이다.

둔감할 때 우리의 숨겨져 있는 재능들이 팍팍 살아난다는 사실을 우리는 알아야 한다. 그런데 우직한 바보만큼 세상에 둔감한 사람은 없다. 그렇기 때문에 우리는 우직한 바보가 되어야 하는 것이다. 한 가지만 아는 고슴도치가 되어야 성공할 수 있다.

'여우는 많은 것을 안다. 그러나 고슴도치는 하나밖에 모른다. 그리고 그것이 위대하다.' 란 수수께끼 같은 문장이 고대 그리스 시인 아킬로쿠스의 글 속에 들어 있었고, 우리는 지금까지 이 문장에 대해 논의를 계속하고 있다.

수많은 작가와 사상가들이 이 문장을 인용하고 토대로 삼아 자신의 주장을 해 왔다. 하지만 한 가지 분명한 사실은 빌 게이츠, 워렌 버핏, 스티브 잡스, 오프라 윈프리 등과 같이 최고의 성공을 거두고 위대한 삶을 사는 사람들은 모두 고슴도치형 인간이었다는 사실이다.

이러한 사실을 입증해 주는 인물로 국내에서도 손쉽게 찾아 볼 수 있다. 박 세리 선수, 박 지성 선수, 김 연아 선수 등이 고슴도치와 같은 인물들이었다. 박 세리 선수는 골프 말고는 아무것도 모른다. 그녀는 골프만 알고 골프만 생각하고 골프만 한다. 박 지성 선수 역시 그렇다. 그는 축구만 알고 있고, 축구만 한다. 김연아 선수 역시 세계적인 최고의 선수가 되기 전까지는 피겨 스케이트 밖에 몰랐던 것이다.

고슴도치 타입의 인물들은 여우 타입과 같은 사람들이 여기 저기 쑤셔대며, 팔방 미인이 되어가기 위해 노력하고, 타인과 세상이 요구하는 스펙을 만들기 위해 여러 가지를 배우고 다닐 때, 오직 한 가지만을 붙잡고 그것에 모든 혼을 심었던 사람들이다.

결국에는 단 한 가지만을 꾸준히 했던 사람들이 수 십 가지를 잘 할 줄 아는 사람보다 백 배 혹은 천 배나 더 큰 성공과 부와 명예를 획득하게 된다는 사실을 우리는 명심해야 한다.

동양의 현인인 노자老子의 [도덕경]에 보면 아주 재미있는 표현이 있다.

" 큰 나라를 다스리는 것은
마치 생선을 굽는 것과 같다.
너무 많이 쑤셔대면 생선은 부서진다. "

큰 인생을 살아가는 방법도 이와 다르지 않다. 여기 저기 너무 많은 것들을 쑤셔대면 인생은 조각이 날 것이 뻔하다. 한 가지만 붙잡고 그것에 승부를 걸어라. 그것이 고수들의 전략이다.

- 크고 위대하고 담대한 목표가 필요한 사람은 바로 당신이다

목표를 종이에 적어 둔 졸업생과 그렇지 않은 졸업생들에 대해 예일 대학교에서 연구한 적이 있다. 졸업할 때는 비슷한 환경과 능력, 시작했지만, 20년 후 재정적인 결과에서 엄청난 차이가 있었다고 한다.

졸업생들 중에 명확한 목표를 설정하고, 목표 달성 기간과 행동 계획, 목표 달성 이유 등과 같은 구체적인 사항들을 종이에 적은 졸업생은 불과 3%밖에 없었다. 나머지 97%의 졸업생들은 목표를 설정하지 않았거나, 종이에 적지 않았다.

20년 후 목표를 확실히 설정하고 종이에 적은 3% 졸업생들의 부가 나머지 졸업생들의 부의 합계보다 많았다고 한다. 목표 설정과 비전 설립은 인간 내면의 무한 능력을 켜는 놀라운 스위치라는 사실을 입증해 주는 연구이다.

성공은 목표와 비전을 세우고 도전하는 사람들의 것

이다. 성공한 사람들은 하나같이 꿈을 꾸고, 목표를 세우고, 비전을 가진 사람들이었다. 성공의 출발점은 꿈을 꾸고, 목표를 세우고, 비전을 가지는 것이다. 목표나 꿈이 없으면서도 큰 성공을 거둔 사람들은 거의 없다.

목표가 반드시 필요한 이유는 자신의 내면에 숨어 잠자던 능력과 에너지들이 켜질 수 있기 때문이다. 목표나 꿈 없이 그냥 열심히만 일하고 살았던 사람들은 평범한 사람들에서 벗어 날 수 없다. 달성 여부를 떠나 목표를 가지는 것만으로도 자신의 인생을 위대하게 한다. 목표는 위대함으로 이끄는 위대함이다.

목표가 있는 사람은 시련과 역경 앞에서도 흔들리지 않는 항해를 할 수 있다. 목표는 항해 스위치이다. 불가능을 가능하게 해주기 때문에 가능 스위치이기도 하다. 이러한 스위치의 강력한 힘이 없는 사람들은 인생을 실패할 수밖에 없다. 내면에 잠자고 있는 에너지를 켤 수 없기 때문이다.

《성공하는 기업들의 8가지 습관》에서 짐 콜린스는 '크고 위대하고 담대한 목표'의 중요성을 설파한 바 있다. '크고 위대하고 담대한 목표' 가 기업들을 크고 위대하고 담대하게 이끌어 간다는 주장이다. '누구나 차를 한 대씩 갖게 하자' 라는 크고 위대하고 담대한 목표를 가졌던 포드처럼 목표는 그 자체로 강력한 스위치 역할을 한다.

"어디에 있느냐는 중요하지 않다. 어디로 가고 있느냐가 중요하다."

올리버 웬델 홈스의 말 그대로 우리에게는 목표 지점이 중요하다. 목표 지점이 높으면 높을수록 내면에서 힘과 에너지가 솟아나게 된다.

심리학 용어인 '불변 이론' 을 믿는 사람들은 재능은 타고나기 때문에 더 이상 향상이 없고 노력을 해도 효과가 없을 것이라고 생각해서 목표 자체를 낮춰 잡는다. 그 결과 성취도도 낮을 수밖에 없다. 그들은 자신의 재능이 얼마나 높아질 수 있는지에 대해서는 한 번도 생각해 보지 않는다.

반대로 '증진 이론' 을 믿는 사람들은 재능이란 갈고

닦기 나름이라 생각해서 목표 자체도 높게 잡는다. 그런 사람들은 목표를 완전히 달성하지 못한다 해도 매우 높은 성취도를 보인다.

목표와 비전이 없을 경우 나태해져서 망하게 된다. 무작정 열심히 사는 사람들은 다람쥐 쳇바퀴 도는 격이지만, 명확한 목표와 비전을 가진 사람은 매일 조금씩 목표에 다가간다. 나중에는 심하게 큰 차이가 생긴다.

목표와 비전이 없는 사람은 작은 시련과 역경 앞에서 심하게 흔들리고, 쉽게 포기해 버린다. 명확한 목표와 비전이 있고 꿈을 품은 사람은 아무리 큰 시련과 역경이 닥쳐와도 요동치지 않고, 포기하지도 않는다.

무엇보다 명확한 목표와 비전이 있는 사람은 언제나 최선의 길을 찾고 연구한다. 결국에는 가장 빠른 길로 가서 성공하게 되어 있다. 목표와 비전이 없는 사람은 망망대해를 떠돌아다닐 뿐 목적지가 없는 셈이다.

'못 오를 나무는 쳐다보지도 말라' 는 속담이 있지만, 시도도 안 해보고 어떻게 못 오를지, 오를지 알 수 있을까? 여기에 이 속담의 문제가 있다. 한 번 해서 안 되면 두 번 하고, 두 번 해서 안 되면 열 번 하고, 열 번 해서 안 되면 백 번, 천 번 해본다. 정말 열심히 시도하고 시도해도 안 된다면 그때 쳐다보지 않아도 늦지 않다. 이른바 백천지공百千之功이다.

실패한 경험은 고스란히 또 다른 성공의 발판이 된다. 실패를 부끄러워할 필요도 없다. 큰 성공을 거둔 사람치고 한 번도 실패를 경험해 보지 못한 사람은 없다. 더 크게 성공하고 싶은 사람일수록 더 많이 실패하기를 노력해야 한다. 실패와 성공은 별개가 아니라 동전의 양면과 같다.

목표 달성에 일시적으로 실패한다 해도 두려워하지 않고 과감하게 계속 목표를 추구해야 한다. 실패의 경험과 아픔은 오래가지 않는다. 실패를 거치면서 성공으로 가는 방법과 교훈을 배우고 성공의 발판으로 삼을 수 있다.

여기서 한 가지 주의할 사항이 있다. 목표를 달성하고 성공하면 성취감을 느끼고, 실패하면 실망을 한다. 이 두 가지 경우 모두 오래가지 못한다. 성공해서 행복한 삶을 오래 지속하려고 생각한다면 환상에 불과하며, 실패해서 불행한 삶을 살 수밖에 없다는 생각도 환상에 불과하다는 것이다.

목표를 달성하고 성공하여 많은 부를 획득하고 나서 오히려 불행한 삶을 살게 되는 사람들이 많다. 어떤 이들은 크게 성공한 후 허무함을 느끼고 심한 우울증을 앓으며 불행 속으로 빠지기도 한다. 성공하기만 하면 무엇과도 바꿀 수 없는 큰 행복이 저절로 주어진다고 철석같이 믿었기 때문이다.

그들은 평생 동안 성공을 위해 소중한 인생의 가치와 시간을 바쳐서 투자한 자들이다. 성공하면 크나큰 행복을 누릴 수 있다고 생각한 나머지 모든 것을 바친 사람들이다. 이런 사람들은 성공해서 아무리 큰 부와 명예라 얻을지라도 행복 자체를 가져다주지 못한다는 사실을 알게 된다. 그로 인해 심한 허탈감과 절망감을 느끼는 경우가 많다.

돈이 없고 가난했지만 열심히 살았던 과거가 가장 행복했던 시절이라고 말하는 사람을 종종 볼 수 있다. 바로 이것이다. 지금 이 순간 우리는 가장 행복할 수 있다. 지금 이 순간 우리로 하여금 가장 행복할 수 있게 만드는 것은 미래에 대한 목표와 목적, 비전 스위치로 인한 에너지와 기쁨의 발산에 달려 있다.

순간의 쾌락만을 추구하는 자들은 행복이 무엇인지 모른다. 행복은 현재의 기쁨에 미래의 올바른 목표와 목적이 있어야만 가능한 것이다. 백천지공을 생활화할 수 있는 힘은 확고하고 담대한 목표 설정에서 비롯된다.

– 우주에서 가장 완벽한 시스템이 우리 안에 있다

우리가 무엇인가를 간절히 바라면 꿈이 되고, 그러한 꿈을 우리 속에 품으면 반드시 이루어진다. 여기에는 과학적인 원리가 숨어 있다. 우리의 몸과 마음과 뇌가 그렇게 작동하도록 만들어졌다는 사실이다.

숭고한 목표와 원대한 꿈을 가지면 뇌에 각인이 된다. 목표와 꿈을 매일 품고 간절히 바라면, 몸을 구성하는 100조 개나 되는 세포와 대뇌 피질의 약 100억 개의 신경 세포 하나하나에 목표와 꿈에 대한 정보가 각인된다.

인간의 뇌는 세상에서 가장 우수한 컴퓨터이다. 이 땅에 존재하는 대부분의 컴퓨터들은 한 번에 하나의 비트, 즉 한 개만 처리할 수 있다. 100만 비트를 동시에 처리하려면 500만 대의 컴퓨터가 있어야 한다.

우리의 뇌는 동시에 처리한다. 몇억 비트의 정보를 받아들여 동시에 처리하며 온몸의 감각과 기관 세포들에게 수도 없이 많은 명령을 보낸다. 결정적으로 컴퓨터가 수백 번 업그레이드된다 해도 할 수 없는 생각과 상상을 만들어 낸다.

더욱 놀라운 사실은 인간의 몸과 마음과 뇌는 보다 고차원적인 무엇인가를 실현하고 이루어 내기 위해 완벽하게 준비된 자동 시스템이라는 점이다.

유기적으로 동작하는 우주에서도 가장 위대한 메커니즘을 가지고 있는 완벽한 시스템을 부여받았다. 아무리 능력이 없어 보이고, 아무것도 잘할 수 없어 보여도 인간이라면 누구라도 '우주에서 가장 완벽한 시스템'을 가지고 있다.

바보 온달도 잠재되어 있었던 능력과 에너지를 켜줄 평강 공주를 만나자 고구려에서 가장 훌륭한 장군이 되었다. 우주에서 가장 완벽한 시스템인 자기 자신의 잠재되어 있는 능력들을 얼마나 많이 켜느냐에 위대한 인물들이 결정된다. 우주에서 가장 완벽한 시스템은 단순히 생존하라고 주어진 것이 절대 아니다. 보다 고차원적인 의미와 가치를 통해 보다 나은 삶을 살 수 있도록 주어졌다

인류가 정복해야 할 마지막 장소는 우주가 아니라 '뇌'이다. 그만큼 뇌는 아직도 신비 그 자체이며, 무궁무진한 능력이 숨어 있는 소우주이다.

아무 목적이나 목표, 꿈이 없는 상태에서는 100조 개나 되는 세포와 100억 개로 추정되는 신경 세포들이 제각각 활동하여 평범한 삶을 살아가게 된다. 숭고한 목표와 원대한 꿈을 꾸고 마음속에 품으면, 완벽한 시스템이 서서히 가동하기 시작하는 것이다. 어떠한 위대한 일도 해낼 수 있는 것이 인간이라는 존재이다.

지금은 과학이 많이 발달해서 이러한 시스템에 대해 설명하기가 매우 쉬워졌다.

인간이 가지고 있는 우주에서 가장 완벽한 시스템인 뇌는 '최첨단의 자동 항법 장치가 설계되어 갖추어져 있는 거대한 슈퍼컴퓨터와 100조 개나 되는 수많은 장치들로 이루어진 최고의 우주선'으로 비유할 수 있다.

수많은 장치와 자동 항법 장치는 목적지만 입력하면 자동으로 알아서 작동하면서 간다. 공상 과학 영화에 나오는 거대한 우주선보다 수천 배 놀라운 존재가 바로 자기 자신의 내부에 있는 시스템이다.

지구상에 존재하는 어떠한 컴퓨터도 아직까지 인간의 뇌를 완벽하게 흉내 낼 수 없다. 뇌의 놀라운 능력이 과연 어느 정도인지도 밝혀내지 못하고 있다. 우뇌의 이미지 능력을 이용해서 마음속으로 상상하면 실제로 실현되고, 지구 반대편에 있는 누군가를 위해 기도하면 실제로 그 사람의 병이 낫기도 한다. 이마저도 과학을 훨씬 뛰어넘는, 우주에서 가장 완벽한 시스템인 인간이 보여 주는 무한 능력의 일각일 뿐이다.

인간이 지닌 완벽한 시스템은 생각을 바꿈으로써 인생이 바뀔 수 있도록 도와준다. 말을 바꿈으로써 인생이 바뀔 수 있도록 도와준다. 무엇보다 목표와 비전이 크면 클수록 더욱더 완벽하게 작동한다.

이 시스템이 가진 최대의 단점은 주인이 부정적인 생각을 하고 부정적인 말을 하면, 그것도 100% 실현해 준다는 데에 있다. 발표 중에 실수할까 걱정하거나 실연을 너무 걱정하면, 어김없이 실수를 하고 실연을 당한다. 우리가 집중하고 생각하면 알게 모르게 무의식적으로 시스템이 머리부터 발끝까지 가동되기 때문이다. 그래서 위대한 생각을 하고, 좋은 습관을 만들고, 남을 위한 삶을 살고, 긍정적인 말을 해야 한다. 바로 6번째 기술, 즉 스위치인 목표와 목적, 꿈 스위치이다.

헨리 데이비드 소로는 '인간이 자기가 꿈꿔 온 방향으로 자신 있게 나아간다면, 그리고 자신이 그려 온 삶을 살아가려고 노력한다면, 평상시에 생각지도 못했던 성공을 이루게 될 것' 이라고 말했다. 간절히 바라면 반드시 이루어지는 시스템을 과거 사람들은 하나의 이야기로 승화시켰다. 그리스 신화에 나오는 피그말리온이라는 조각가의 이야기이다.

지중해 동부에 있는 키프로스라는 섬에 살았던 피그말리온이라는 뛰어난 조각가가 살았다. 그는 세상의 어떤 여자들하고도 사랑에 빠지지 않았다. 아니, 빠질 수 없었다. 세상의 어떤 여자들에게서도 사랑에 빠질 만큼 큰 아름다움을 느끼지 못했기 때문이다.

어느 날 그는 자신이 만든 여인 조각상을 보고 사랑에

빠져 버렸다. 사랑의 감정은 깊어만 갔다. 급기야 사랑의 감정은 고통이 되어 그를 힘들게 했다. 그는 이제 단 하나의 간절한 소망만 가진 사람이 되었다. 그의 간절한 꿈은 조각상이 실제로 여자로 변하여 결혼도 하고 행복하게 사는 것이었다.

그는 아프로디테 여신을 찾아가 간절하게 기도하였다. 그의 간절한 꿈은 실현되었고, 조각상은 살아 있는 여자로 변신하였다. 이 이야기에서 무엇인가를 간절히 원하면 반드시 이루어진다는 현상을 명명하여 '피그말리온 효과'라 부르게 되었다.

피그말리온 효과처럼 간절한 소망은 내면에서 잠자던 에너지와 힘을 깨워 어떠한 일이라도 이루어지게 하는 힘이 있다. 한 가지 명심해야 하는 사항은 있다. 목표나 목적, 꿈이 단순히 돈을 많이 벌어서 잘 먹고 잘사는 것이어서는 안 된다. 다른 사람들에게 허세를 부리고 자랑하면서 살기 위한 꿈은 이루어지지 않는다.

설혹 이루어진다고 해도 무슨 의미와 가치가 있을까? 이루어진다고 해도 그 성공은 미미하다. 꿈과 목표와 목적이 숭고하며 가치 있을수록 내부의 에너지와 힘과 무한 자원이 잘 켜진다. 가치 있고 숭고한 목표를 위해 전념함으로써 우리는 진정한 행복에 도달할 수 있다.

'많은 사람이 진정한 행복을 이루는 것에 대해 그릇된 생각을 하고 있다. 그것은 자기만족을 통해 얻어지는 것이 아니라, 가치 있는 목표에 전념함으로써 얻어진다'

헬렌 켈러 여사의 말이다. 숭고한 목표와 목적은 우리를 한없이 행복하게 만들어 준다는 사실이 무엇보다 중요하다.

목표나 비전이 없는 사람, 꿈이 없는 사람은 우주에서 가장 완벽한 시스템인 자기 자신을 낭비하고 허비하는 것과 다를 바 없다.

미셸 드 몽테뉴는 '목표를 설정하지 않은 사람은 자기 자신마저 잃어버린다' 라고 적확하게 말한 바 있다.

'달성하고자 하는 정확한 목표와 확고한 비전이 있는

사람' 은 절대 자기 자신을 잃어버리지 않고 흔들리지 않는다. 따라서 구체적인 목표와 확고한 비전 스위치를 갖는 것이 매우 중요하며 필수적이다.

미국 격언 중에는 '네 비전을 마치 네 영혼의 자식같이, 네 궁극적 성취의 청사진같이 소중히 하라' 는 말도 있다.

– 역사가 증명한 인류 불변의 진리

인류 불변의 진리 중 하나는 '주면 줄수록 많이 받고, 많이 행복해진다' 이다. 많이 주면 줄수록 더 많이 얻는 이치는 씨를 뿌린 만큼 거두는 이치와 같다. 이러한 이치를 누구보다 잘 알고 주장했던 사람으로 지혜의 왕 솔로몬을 빼놓을 수 없다. 그는 남에게 베푸는 자는 결코 궁핍해지지 않을 것이며, 남에게 준 것보다 많이 받게 되리라고 했다. 받는 것보다 주는 것이 더욱 행복하다.

심리학에서는 인간 활동의 원동력을 크게 2가지로 본다. 하나는 가지려는 소유 욕망이고, 다른 하나는 잃고 손해 볼까 하는 두려움이다. 받는 사람은 소유 욕망이 충족되어도 여전히 잃고 손해 볼까 하는 두려움을 가지고 있다. 반쪽의 기쁨이다. 사랑으로 베풀고 주는 사람은 가지려는 소유 욕망과 잃고 손해 볼까 하는 두려움을 모두 극복한다. 완전한 기쁨을 누릴 수 있다.

인간을 행복하게 하는 것은 외부 환경이 아니다. 자신의 욕망과 집착을 극복하고 온전히 타인을 위하는 마음이 형성되었을 때다. 그 마음이 행동으로 나타나면 자신도 모르게 소유욕과 손해에 대한 두려움이 모두 해결되는 효과가 제대로 작용된다.

먹을 음식도 마실 물도 없고, 온갖 더러운 벌레들과 죽은 시체들로 인해 도저히 한 달도 버티기 힘든 동굴 감옥이 있다. 보통 사람들은 한 달 이내에 모두 죽고 말지만, 몇 년 동안을 버티면서 살아남는 사람이 있다. 바로 자신의 생명과 안위보다 동굴에 잡혀 들어온 타인을 먼저 배려하는 사람이다.

타인을 성심껏 돌보고, 자신의 음식을 나누며 헌신하는 사람이다. 사람은 자신만을 생각하면 연약한 존재지만, 자신보다 타인을 먼저 생각하면 강하고 위대한 존재가 된다. 보라. 자녀들을 위해 무엇이라도 할 수 있는 어머니들은 강하다. 비록 여자는 약하지만 어머니는 강한 이유다.

'용서의 위력' 이라는 이치도 있다. 수많은 전문가들과 학자들의 연구 결과를 토대로 용서에 대하여 내린 결론이다. '용서하는 사람은 용서하지 않는 사람이나 용서를 못 하는 사람보다 훨씬 행복하다' 는 것이다. 용서는 용서받을 사람에게 무한한 자비와 사랑을 베풀고 주는 행위이다.

주기 위해서는 줄 무엇인가가 있어야 한다. 용서하기 위해서는 무한한 자비와 사랑이 먼저 자신의 내면에 있어야 한다. 그래서 용서하기가 그토록 힘들다. 용서하려고 노력하다 보면 자신의 내면에 자비와 사랑과 동정 같은 감정들이 외부에서 흘러들거나, 아니면 자신의 내면에서 만들어진다. 결국 자신이 가지고 있는 자비와 사랑과 동정이 용서받아야 할 사람에게 줄 수 있는 정도가 된다.

용서는 용서받을 자, 즉 자신에게 해를 끼친 자일지라도 행복하고 윤택하게 해주는 행위이다. 주는 사람이 더욱 행복해지는 만고불변의 원칙에 따라, 용서받는 사람보다 용서해 주는 사람이 더 행복해진다. 마음이 윤택해진다.

용서를 하지 못하는 사람이나 하지 않는 사람들에게는 용서받아야 할 사람으로부터 위로와 사과, 정신적 물질적 보상 같은 여러 가지를 받으려는 마음이 존재하고 있다. 의식적이든, 무의식적이든 상관없이 말이다. 받으려는 마음 상태이기 때문에 받아야 만족이 된다. 무엇이 되었든 받아야만 비로소 위안이 되고, 마음의 평화가 이루어진다. 따라서 용서하는 사람보다 용서를 하지 않는 사람이 덜 행복하다.

상대방의 사과를 받은 후에 용서하는 사람보다는 무조건적으로 용서해 주는 사람이 더욱더 행복할 수밖에 없다. 사과도 하지 않고, 잘못을 인정하지도 않는 자를 용서하는 것이 더 많이 베풀고 주는 행위이기 때문이다. 용서하는 행위도 자신의 사랑과 자비와 동정 들을 타인에게 주는 행위인 셈이다.

더불어 용서하는 행위 역시 인간관계를 좋게 하는 관계 지향적인 행위이다. 좋은 인간관계를 지속적으로 맺기 위해서라도, 타인에게 무엇인가를 베풀고 나누기 위해서라도 용서는 반드시 필수적인 요소이다.

인생이 가야 할 곳, 또한 가는 길은

향락도 비통도 아니다.

내일이 오늘보다 낫도록

저마다 행하는 그것이 목적이며 길이다.

– 헨리 롱펠로우 –

제10장. 목표설정 目標設定 _ 목표가 없는 것이 실패 원인이다

원대한 꿈을 가져라. 꿈을 가지면 꿈처럼 된다. 비전은 결국 당신 앞에 모습을 드러내는 약속이기 때문이다. - 존 러스킨

꿈을 향해 자신감을 가지고 전진한다면, 상상해 왔던 삶을 이어간다면 예상치 못한 성공과 만나게 될 것이다. - 헨리 데이비드 소로

자기를 경영하기 위해 배우는 자는 먼저 뜻을 세워야 한다. 뜻을 세우지 않고 성공한 자는 없다. - 율곡 이이

분명한 목표가 있는 인간의 의지를 이겨낼 수 있는 것은 아무것도 없다.

– 벤저민 디즈레일리

성공은 가치 있는 목표의 진보적인 실현이다. – 얼 나이팅게일

사람을 강하게 만드는 것은 비전을 세우고, 그것을 이루고자 노력하는 데 있다.

– 어니스트 헤밍웨이

– 목표 설정은 S.M.A.R.T하게 하라

목표를 설정하기 위해서 준수해야 할 것들이 있다. 목표는 반드시 구체적인Specific이어야 하고, 측정 가능Measurable 해야 하고, 성취 가능Achievable해야 하고, 결과 지향적Result Oriented이어야 하고, 시간 제한적Time limit이어야 한다. 목표가 구체적이지 않을 경우, 목표 스위치로서의 기능을 제대로 발휘할 수 없다.

구체적이지 않은 목표는 없는 것이나 마찬가지다. 측정 가능하지 않은 목표는 없는 목표와 다를 바 없고, 성취가 아예 불가능한 목표 역시 그렇다. 결과 지향적이지 않다면 목표로서 바람직하지 않다. 시간을 정해 놓지 않은 목표는 결함이 있는 목표이다. 이상을 목표의 SMART 원칙이라고 한다.

엄청나게 좋은 자동 항법 장치와 온갖 장치들이 갖추어진 거대한 우주선이 원시인들이 사는 숲 속에 떨어졌고, 그 안에 있던 사람들은 모두 사라졌다고 가정해 보자. 원시인들은 엄청나게 큰 우주선을 발견해도 그저 비를 막아 주는 거대한 동굴로만 생각하고 우주선을 사용

할 뿐이다. 우주선의 온갖 장치와 편의 시설을 사용하기 위해서는 스위치를 찾아서 켤 수 있어야 한다. 스위치를 켤 수 있다면 우주선을 가지고 우주여행도 할 수 있다.

만약 우연히 우주선을 가지고 우주여행을 하는 원시인이 있다면 그 기분이 어떨까? 우리의 뇌는 최첨단 우주선이고, 우리는 원시인들과 비슷하다는 사실을 아는가? 그런데 우연히 우주선의 스위치를 발견하고, 우연히 스위치가 켜져서 우주여행을 하는 원시인 같은 존재들이 지금 주위에 있다. 그들은 누구일까?

그들은 영화 <레인맨>에서 소개된 주인공 레이먼드 배빗과 같은 서번트 장애자들이다. 태어날 때부터, 혹은 우연한 사고로 더 이상 평범한 삶을 살지 못하는 이들 중에는 보통 인간으로서는 도저히 할 수 없는 초인적인 능력을 가진 사람들도 있다.

그중에서 가장 인상 깊은 서번트는 스티븐 월트셔이다. 그는 BBC 다큐멘터리 <천재의 조각들>을 통해서 만나 볼 수 있었다. 그는 헬리콥터로 날아다니면서 런던 시내를 눈으로 본 다음, 하늘에서 본 런던 시내의 풍경을 너무나도 자세하고 구체적으로 그려 냈다. 수백 개의 건물들을 모두 기억한 그는 정확한 거리 비례와 원근감까지 표현하여 런던 시내를 그려 냈다. 그는 우리들이 한계라고 생각했던 것을 정확히 뛰어넘었다.

또 한 명의 서번트인 레슬리 렘키는 한 번도 들어본 적이 없는 곡을 즉석에서 듣고 머릿속에 저장한 뒤에 정확히 연주할 수 있다. 서번트들은 자신의 능력을 연습한 적이 없다. 다만 내부에 있던 알 수 없는 스위치를 켰을 뿐이다. 사고를 겪거나 태어날 때부터 생긴 능력에 의해서 내부의 스위치가 우연히 켜져 버린 것이다.

오랫동안 전문가들은 사람들이 왜 각각 다른 능력을 보이고, 다르게 생각하고, 다른 삶을 사는지, 왜 누구는 성공하고, 누구는 실패하는지, 그 차이를 발생시키는 이유와 원인을 연구했다. 그 결과 두 가지 의견이 나왔다. 첫 번째 의견은 유전 인자와 뇌의 크기, 성능에 차이가 있다는 의견이다. 두 번째 의견은 환경과 배경, 훈련, 교육 등에 따라 차이가 발생한다는 의견이다.

오늘날 다수의 전문가는 어느 쪽도 맞지 않다는 데 동

의한다. 유전에 100% 의지하는 것도 아니고, 그렇다고 환경이나 교육에 100% 의지하는 것도 아니라는 결론에 도달하였다. 성공에 필요한 것은 전적으로 좋은 유전자나 기질, 능력이 아니다. 좋은 환경이나 좋은 교육도 아니다. 이 두 가지를 적절하게 향상시킬 수 있는 구체적인 목표이다.

구체적인 목표가 우리 내부의 유전자와 잠재 능력, 에너지 그리고 외부의 환경과 교육의 효과를 통합시켜 강력한 힘을 만들어 낸다고 보는 것이다. 여기에 목표 스위치의 위력이 숨어 있다.

목표는 우리로 하여금 간절히 꿈꾸는 바를 향해 첫발을 내디딜 용기를 만들어 준다. 또한 행동할 수 있는 실행력을 길러 준다. 목적 스위치를 가지고 있지 않은 사람은 자연히 도태되고 몰락할 수밖에 없다. 우리로 하여금 꿈을 성취하게 하는 것은 다름 아닌 목표 스위치이다.

목표 스위치는 자신이 꿈꾸는 것을 행동으로 옮길 수 있는 용기와 실행력을 내면으로부터 만들어 발휘한다. 그 목표가 크고 강할수록 더욱 그렇다. 숭고할수록, 의미가 강할수록 그렇다. 시시한 목표나 목적보다는 크고 위대한 목표, 숭고하고 의미 있고 가치 있는 목적을 가지는 사람이 그만큼 큰 추진력을 갖는다.

– 꿈과 목표는 성공으로 이어진다

목표가 없는 사람들은 그렇지 않은 사람들에 비해 빨리 늙는다는 연구 결과가 있다. 요즈음 정년퇴임을 한 사람들을 주위에서 많이 보게 된다. 이상하게도 퇴임하기 전까지는 아무렇지도 않다가 퇴임 후 3년 내에 큰 병에 걸리거나, 심하면 죽는 경우도 많다. 병에 걸리지 않은 사람들조차 급격하게 노화가 진행되기도 한다. 아무래도 일이라는 목표가 사라지고 아무 방향도 목적도 없어지면 온몸의 세포가 제각각 기능한다. 정년 퇴임한 사람들이 일을 하는 사람들에 비해 빨리 늙고, 빨리 약해지는 이유이다.

명절을 앞두고 노인들의 사망률이 낮아지다가, 명절을 마친 후에 다시 사망률이 높아진다는 통계가 있다. 목표나 기대 스위치의 기능을 설명하는 사례이다. 명절을 앞두고 있을 때는 사랑하는 자녀들과 손자, 손녀들을 볼 수 있다는 기대 심리와 목표가 생긴다. 자연스레 노인들을 강하고 행복하게 만든다. 명절이 끝난 직후에는 더 이상 낙이 없어지고, 목표가 없어진다. 목표 상실이 급격한 노화로 이어지는 것이다.

목표가 힘을 발휘하는 이유는 우리 온몸의 세포들이 목표 스위치가 켜졌을 때와 꺼졌을 때에 각각 다르게 반응하기 때문이다. 우리의 몸은 의식과 무의식을 모두 기억하고 있을 뿐만 아니라, 각기 다르게 반응하는 놀라운 존재들이다.

크고 숭고한 목표일수록 온몸의 세포들은 그 방향과 목적지를 향해 움직이게 되어 있다. 큰 목표가 있는 사람의 세포들은 스스로 알아서 병도 물리치고 건강해진다. 목표가 있고 바쁜 사람들은 병도 적게 걸리고 보다 건강한 것이다.

매일 규칙적으로 일어나서 회사에 출근하고 일을 하는 사람들이 가장 건강하다고 한다. 일이라는 목적 스위치가 날마다 켜져 있어서 온몸의 세포들이 매일 활동하고 기능한다. 당연히 그렇지 못한 사람들보다 건강해지고 오래 사는 것이다.

'미래는 꿈의 아름다움을 믿는 사람들의 것이다' 라고 엘리노어 루스벨트는 말했다. 꿈은 강력한 성공 기술 중에 하나임이 분명하다. 물론 꿈만 꾸고 행동으로 옮기지 않는 사람은 예외이다. 하지만 꿈을 계속 꾸면 그 꿈이 행동하도록 이끈다. 꿈은 강력한 행동의 원동력이라고 할 수 있다.

미래에 위대한 일을 하는 강력한 꿈을 마음속에 품었다고 생각해 보자. 침대에 누워 매일 꿈을 품고 열망한다고 해보자. 일주일도 안 되어 침대에서 일어나 꿈을 이루기 위한 행동을 하게 될 것이다. 꿈을 가진 사람은 누구나 성공에 근접할 수 있다. 성공을 위한 행동에 옮기게 되고, 실패하더라도 꿈을 쉽게 포기하지 않는다. 목표나 꿈을 가지고 있는 사람은 시련과 역경에 쉽게 흔들리지 않는 법이다.

구체적인 목표를 가지고 있으면, 욕심 내지 않고 한 발짝씩 나아갈 수 있다. 조급해지지 않고 오히려 여유를 가질 수 있다. 여유는 내면의 유익한 에너지들을 새롭게 형성하고 만들어 낸다. 무엇보다 역량을 더욱 많이 발휘할 수 있게 한다.

아무리 재능이 뛰어나고 능력이 출중하다 해도, 성공에 너무 집착하여 빨리 성공하고자 하는 사람은 일을 그

르치고 돌이킬 수 없는 상황에 빠지고 만다. 욕속부달欲速不達, 무엇이든지 빨리하려고 조급해하면 도리어 이루지 못한다. 목표 스위치를 가지면 여유가 생긴다. 차근차근 한 발짝씩 나아갈 수 있는 힘과 에너지가 생긴다. 구체적인 목표 스위치를 켜는 사람은 조바심과 조급함을 물리칠 수 있는 것이다.

탤런트나 가수의 세계에서도 동일하다. 재능이나 실력이 최고 수준으로 올라간 때까지 기다리며 준비하는 사람은 일류가 될 수 있다. 재능이나 실력이 부족한데도 빨리 출세하고 싶어서 조급해하면 일류가 되기 어렵다. 실력이나 능력을 향상시키기보다 계약자들만 찾아다니다 쉽게 데뷔하면 이류나 삼류로 전락해 버릴 수밖에 없다.

자신의 실력과 능력을 향상시키며 때를 기다리는 사람이 되어야 한다. 목표 스위치를 켜는 사람은 구체적이고 정확한 목표가 있어서 차근차근 한 단계씩 밟아 나갈 수 있다. 섣불리 욕심을 내지 않는다. 대기만성이란 말이 현대에도 그대로 적용이 되는 것이다.

목표를 갖고 있는 사람은 현재의 자신과 목표가 실현

되었을 미래의 자신을 연결할 줄 알게 된다. 그러면 현재나 미래에 치중하지 않는다. 현재와 미래를 동시에 내다보면서 균형을 잡을 수 있게 된다. 미래의 성공은 절대로 현재의 행동과 생각 없이는 이루어질 수 없다. 현재의 투철한 노력과 열정은 미래의 큰 목표가 있어서 가능하다.

목표 스위치는 현재와 미래를 연결하고 하나로 이어주는 교량 역할을 한다. 이러한 이유로 목표 스위치를 켜는 사람과 켜지 않는 사람은 큰 차이가 난다. 현재에 투입할 수 있는 에너지 자체가 달라서 미래의 성공 수준도 다르고 크기도 달라진다.

꿈과 목표를 가진 사람이 아무것도 없는 사람보다 성공할 공산이 큰 이유는 무엇일까? 물론 이미 언급했던 내용들도 그 이유가 될 수 있다. 하지만 그와는 성격이 다른 이유가 있다. 꿈을 가진 사람 주위에는 반드시 꿈이 있는 사람들이 모여 들어서 놀라운 시너지 효과가 발생하는 것이다.

시너지 효과는 또 다른 에너지를 생성한다. 자신에게 없던 놀라운 힘과 에너지가 외부로부터 자신에게 흘러 들어온다. 이것은 매우 중요한 사실이다. 무엇보다 꿈을 가지면 놀라운 힘과 에너지가 자신에게 흘러 들어오기 때문에 없던 힘도 생긴다. 알지 못했던 능력과 에너지가 발휘되는 순간도 경험하게 된다. 따라서 꿈을 가지고 목표와 목적, 비전 스위치를 켜는 것이 매우 중요하며 큰 역할을 한다.

유유상종이란 말도 맞는 말이다. 사기꾼들에게는 사기꾼들만 모여든다. 사기꾼처럼 마음이 검은 사람에게는 다른 사기꾼들도 이상하리만큼 냄새를 잘 맡고 모여든다. 마음이 맑고 정직한 사람, 욕심을 내지 않고 정직하게 살아가는 사람에게는 절대 사기꾼들이 모이지 않는다. 모여 봤자 아무것도 할 수 없다.

꿈이 있고 야망이 있는 사람에게는 반드시 꿈이 있고 야망이 있는 사람들이 모여들게 되어 있다. 목표와 비전 스위치를 켜면 그와 비슷한 목표와 비전 스위치를 켠 사람들을 만난다. 함께 큰 목표와 비전을 이루게 되는 것이다.

우리나라 벤처 기업은 유유상종의 현상이 가장 잘 드

러난 경우이다. 크고 담대한 목표를 가진 젊은 인재들이 안정된 직장을 그만두고 자신의 목표와 비전을 이루기 위해 위험한 벤처 기업에 모여들었다. 그 결과 어떤 이들은 그야말로 큰 성과를 얻었다. 꿈이 있는 사람에게는 그와 비슷한 꿈이 있는 사람들이 모여든다. 그들에게 엄청난 시너지 효과가 발생하면서 큰 에너지와 힘이 집중되어 큰일을 이룰 수 있었던 것이다.

뿐만 아니라, 목표와 비전 스위치를 켜면 우리 내면에서 더 큰 변화가 발생한다. 우리가 어떤 목표와 비전을 세우면 그에 걸맞은 무한한 에너지와 능력과 힘이 깨어난다. 자신도 몰랐던 능력과 에너지가 발휘되는 놀라운 경험을 해본 사람이 있을 것이다. 목표와 비전 스위치를 켤수록 내면에서는 그에 상응하는 수준의 에너지와 힘과 능력이 커진다. 이것이 목표와 비전 스위치의 신비롭고 오묘한 기능이고 역할이다.

목표와 비전이 없는 사람은 망하고, 목표와 비전이 있는 사람은 흥하게 되어 있다. 목표와 비전이 없는 사람은 절대 벽을 뛰어넘지 못한다. 목표와 비전이 없는 사람은 성장하지 못하기 때문에 큰 부흥을 경험할 수 없다. 목표와 비전이 없는 사람은 힘과 에너지와 능력이 있다 해도 분산되어 시너지 효과를 얻을 수 없다. 그런 사람이 망하는 일은 다만 시간문제일 뿐이다.

– 목표가 없는 것이 실패의 원인이다

"비전이 없는 백성은 망하나니……."

《성경》에 나온 진리는 한 개인에게도 그대로 적용된다. 비전 스위치를 켜지 않는 개인은 망하게 되어 있다. 더 이상 발전이 없기 때문이다. 작은 시련과 역경에도 쉽게 좌절하기 때문이다. 최선을 다하지 않기 때문이다.

성공하는 사람들은 모두 적극적으로 대가를 치르는 사람들이다. 적극적인 대가 중에 하나가 포기하지 않고 목표를 향해 전진하는 것이다. 성공 비결은 현재 서 있는 자리나 지위에 상관없이 언제나 향상심을 잊지 않고 목표를 향해 나아가는 것이다.

목표와 비전은 향상심을 내면에서 켜주는 스위치와 같은 역할을 해준다. 목표와 비전 스위치를 가진 사람은 누구보다 일관성을 유지하며 앞으로 나아갈 수 있다. 이러한 삶의 태도 속에 성공과 행복이 숨어 있다.

'나는 길을 찾겠다. 길이 없으면 만들겠다' 는 마음

자세와 태도는 성공하기 위해 매우 필요한 자세이다. 하지만 목표와 비전이 켜져 있지 않다면 제대로 된 참된 길이 아니다. 그만큼 목표와 비전은 중요하다. 참된 목표와 비전은 참된 길을 찾게 도와준다. 참된 길이 없다면 만들 수 있도록 도와주기도 하는 최상의 스위치이다.

목표를 세우고 비전을 만들 때 명심해야 하는 사항이 있다. 가능한 한 목표와 비전이 커야 한다. 큰 목표와 비전을 가진 사람일수록 작은 일에 흔들리지 않는다. 무엇보다 타인과 비교하지 않게 되어 평상심을 유지하면서 자신의 페이스대로 일을 진행해 나갈 수 있다. 목표와 비전이 너무 평범하고 작으면 작은 일에도 요동치고, 타인의 성공과 행복에 안절부절못하고, 언제나 비교한다.

목표와 비전이 커야 하는 또 다른 이유는 불가능을 가능하게 해줄 에너지와 힘과 자원을 내면에서 형성하여 뿜어내기 때문이다. 토머스 에디슨은 정규 교육도 제대로 받지 못한 사람이다. 이런 사람이 높은 정규 교육을 받아 훨씬 지식이 많은 전문가들보다 먼저 전구를 발명하겠다는, 불가능에 가까운 목표를 세웠다. 그것도 3년이라는 목표 달성 기간을 삼았다. 더욱더 불가능한 목표였다. 그런데도 그는 해냈다. 불가능하게 보였던 목표를 이루게 만든 동력은 크고 위대한 목표였던 것이다.

불가능을 가능하게 한 또 한 사람은 헨리 포드이다. 당시 자동차 업체들의 1년 평균 생산 대수인 100대를 훨씬 뛰어넘어 1,000대 생산이라는 목표를 설정한 것은 정말로 불가능하다고 봐야 했다. 그는 불가능하고 비합리적일지도 모르는 크고 위대한 목표 스위치를 켰기 때문에 오히려 그 목표를 훨씬 뛰어넘는 자동차왕이 될 수 있었다.

"우리가 목표를 선택하지만, 그 목표가 우리를 재정립해 준다. 따라서 최대한 크고 높은 목표, 비합리적이고 불가능한 목표를 세우면, 그 비합리적이고 불가능한 목표가 우리를 비합리적으로 보일만큼 급속도로 성장시키고 키워 준다."

– 열정과 비전과 목표는 내면의 소리에서 비롯된다.

'재능과 세상의 필요가 만나는 곳에 소명이 있다.' 라고 아리스토텔레스는 말한 적이 있다. 우리의 재능과 세상의 필요가 만나는 곳은 과연 어디일까? 그곳을 발견한 사람은 남다른 목표 의식과 열정과 확고한 비전이 만들어지게 된다. 바로 이런 점에서 목표와 열정과 비전을 가진 사람들이 강할 수밖에 없고, 능력을 갖출 수밖에 없다. 그리고 그것은 세네카의 말처럼 '자신을 지배하는 사람이 가장 강한 사람' 일 수밖에 없기 때문이기도 하다.

자신을 온전하게 지배할 수 있는 자신의 인생의 주인이 되어 살아가는 사람들이 담대하고 강하고 거인일 수밖에 없는 이유 중 하나는 그들은 자신의 내면의 소리에 귀를 기울일 줄 안다는 것이다.

이 세상의 그 어떤 소리에 귀를 기울인다 해도 그곳에서는 절대로 우리의 소명이나 우리의 열정을 깨우고, 우리에게 평생 추구해야 할 확고한 목표나 비전을 발견할 수 없다. 우리의 비전과 열정과 목표를 발견할 수 있는 유일한 곳은 바로 우리 자신의 내면이며, 내면의 소리가 들리는 곳이다. 내면의 소리를 들을 수 있는 사람만이 다른 사람들이 가지 않은 길을 선택할 수 있다.

"숲 속에 두 갈래 길이 있었다.
나는 사람들이 가지 않은 길을 택했고,
그것으로 모든 것이 달라졌다. "

로버트 프로스트(Robert Frost)의 이 시처럼 당신의 삶을 극적으로 변화 시켜 마치 기적이 일어난 것처럼 인생의 반전을 경험하게 해 주는 유일한 길은 다른 사람들이 가지 않는 길을 택하여 그 길을 가는 것이다. 그리고 그러한 길을 선택할 수 있도록 도와주는 그 어떤 지도도 매뉴얼도 이 세상에는 존재하지 않는 다. 사람들이 가지 않은 길을 발견하고 선택할 수 있는 유일한 길은 내면의 소리를 듣는 것이다.

우리가 내면의 소리를 듣고 그 길을 선택하게 되면 우리의 삶의 모습은 헌신적으로 일하는 수준을 훨씬 뛰어넘어 신나게 일하며 창조적으로 일하게 된다. 그 결과 그 어떤 능력을 소유한 사람보다 더 창의적인 사람이 될 수 있기에, 그 분야에서 최고로 성장하는 것은 시간문제가 된다. 이것이 바로 내면의 소리를 들은 사람과 그렇지 못 해서 자기 인생의 소명을 발견하지 못한 사람의 가장 큰 차이인 것이다.

돈이나 사회적 직위를 보장해 주는 직장을 아무리 다닌다 해도 그 사람에게 기대할 수 있는 것은 순순히 복종하고, 즐거운 마음으로 협력하고, 헌신적으로 일하는 수준이다. 하지만 이것 이상의 것을 기대할 수 없다. 인간의 가장 큰 갈망은 내면에서만 발견할 수 있기 때문이다.

돈을 많이 벌고, 사회적 지위가 높아지고, 유명해진다고 해도 그것이 자신의 내면의 소리에서 비롯된 목표와 열정과 비전과 일치하지 않는다면 그것은 모두 껍데기에 불과하다는 사실을 우리는 알아야 한다.

우리가 가장 창조적으로 일을 하며, 집중하고 싶어 하는 형언하기 어려운 갈망이 존재하는 곳은 돈이나 지위나 인기가 있는 곳이 아니라 우리의 내면 깊숙한 곳이다. 우리의 내면의 소리를 듣고 발견한 목표와 소명과 비전만큼 우리의 열정을 깨우고, 우리의 잠재 능력에 불을 지피고, 우리의 창조성의 뚜껑을 활짝 열어 주는 것은 이 세상에 존재하지 않는 다.

성공한 사람들이 하나 같이 '평생 단 하루도 일하지 않았어요' 라고 말하는 이유는 그들은 그저 남들이 제시한 목표와 비전을 쫓아간 것이 아니라, 자신의 내면의 소리를 듣고 남과 다른 길을 선택하고 그 길을 신나게 쫓아갔기 때문이다. 그들에게 그 길은 자기 자신이 되는 길이기에 그들은 누구보다 즐겁고 기뻐하며 그 길을 갈 수 있었던 것이다. 성공하는 사람들은 모두 자신이 하는 일을 좋아한 것이 아니라, 자신의 내면에서 우러나오는 소리를 듣고 그 길을 선택했기 때문에 좋아하는 일을 하게 되었던 것이다.

세상은 거대한 거울과 같다. 당신이 얼마나 당신의 내면의 소리에 귀를 기울이고, 용기를 내어 그 길을 선택하고 행동하였는가를 보여주는 거울과 같은 것이다. 그렇기 때문에 지금 당신이 만나는 당신의 현실은 어제의 당신이 어떤 길을 선택하고 어떤 행동을 보여주었는가에 의해 좌우되는 것이다. 어제와 별반 다를 것이 없는 삶을 평생 살아가는 사람들은 자신의 내면의 소리에 귀를 기울이지 않고, 세상이 제시하는 길을 열심히 가는 사람들이다. 반면에 어제와는 전혀 다른 눈부시고 멋진 삶을 살아가는 사람들은 자신의 내면의 소리를 듣고 그 길을 용기를 내어 걸어갔던 사람들이다.

미래를 당신의 것으로 만들 수 있는 사람은 타인의 것에 욕심내고 성공에 집착하는 사람이 아니라 용기 있고 결연한 정신으로 자신의 내면의 소리에 귀를 기울이고 그 길을 걸어가기 위해 최선을 다한 소수의 사람들이다.

동양 역사서의 근간이자 인간학의 보고(寶庫)이며, 중국을 대표하는 역사서일 뿐만 아니라 세계를 대표하는 고전이라고 평가 받는 [사기史記]는 총 130권으로 글자 수만 무려 52만 6,500자에 이른다. 종이도, 노트북도, 필기에 쉬운 필기도구가 하나도 없었던 그 시대에 이런 역작을 사마천이 남길 수 있었던 단 한 가지 이유는 '그 일이 자신의 내면에서 들려오는 소리라는 사실을 그는 정확하게 알고 있었기 때문' 이다. 사마천이 내면으로부터 들려오는 소리를 듣지 않았다면 그는 궁형이라는 치욕스러운 형벌을 받지 않았을 것이고, 받았다 해도 치욕스러움 때문에 스스로 목숨을 끊었을 것이다. 그로 하여금 그 모든 치욕을 극복해 내고, 살아남아서 [사기]를 집필하게 해 준 것은 그의 내면으로부터 들려오는 소리에서 비롯된 그의 목표 의식과 열정과 비전이었던 것이다.

그러므로 이제부터 그 무엇보다 내면의 소리에 귀를 기울여 보라. 그리고 어제와 다른 새로운 길을 발견하고 그 길을 선택하고 당당히 걸어 가보라. 지금까지 하고는 비교도 안 될 눈부신 미래가 당신을 환하게 맞이하게 될 것이다.

에필로그 : 성공과 행복은 우리 안에 있다

세계적인 베스트셀러 작가인 파울로 코엘료는 《연금술사》에서 다음과 같은 말을 했다.

"무언가를 간절히 바라면 온 우주가 당신의 소망이 실현되도록 도와준다."

이 말은 우리가 행복하고 성공적인 삶을 살아가는 데 있어 가장 명심해야 할 말 같다. 간절함은 우리로 하여금 움직이게 하고, 생각하게 하고, 돌파하게 하는 힘을 준다. 그것이 바로 성공과 행복의 삶으로 옮겨 가게 해주는 최대의 원동력이다. 간절하게 보다 나은 삶을 소망하고, 그 간절한 소망으로 실천하면 누구라도 반드시 행복하고 성공적인 삶을 살아갈 수 있다.

미래는 절대 기다려서는 안 된다. 우리 스스로가 만들어야 한다 행복과 성공도 절대 기다려서는 안 된다. 간절히 바라고 만들어 나가야 한다. 우리는 성공하고 행복하게 사는 기술을 이 책을 통해 배웠다. 이제는 그러한 삶을 실제로 살아 보자.

성공과 행복의 기술은 우리 안에 있다. 우리 안에 있는 마음이 우리를 행복하고 성공적인 삶을 살아갈 수 있게 해주는 도구가 된다는 사실을 명심하자.

2차 세계대전 중에 이탈리아에서 근무하던 미국의 의사 헨리 비처는 부상병들이 쉴 새 없이 몰려들고 고통을 호소하자 바닥 난 모르핀 대신 아무 영향도 줄 수 없는 식염수를 모르핀이라 속이고 주사했다. 식염수를 모르핀으로 알고 있던 병사들은 더 이상 고통을 호소하지 않았다. 심지어 팔다리 절단 수술도 받을 수 있게 되었다.

결국 모든 것은 우리의 마음에서 비롯되고 결정된다. 성공과 행복도 우리의 마음에서 시작되어 행동으로 완성된다. 그 사실을 깨닫고 실천하면 행복하고 성공적인 삶을 살아갈 수 있는 사람이 되리라 믿어 의심치 않는다.

" 나에게는 하늘이 주신 세 가지의 은혜가 있습니다. 첫째로 가난한 집에서 태어났기 때문에 부지런히 일해야 살 수 있다는 진리를 깨달았고, 둘째로 약하게 태어났기 때문에 건강의 소중함을 깨달아 90세를 넘길 때까지 건강하게 살 수 있었으며, 셋째로 초등학교도 졸업하지 못했기 때문에 이 세상의 모든 사람을 스승으로 삼았던 것입니다. 이 세 가지가 제 성공의 비결이었습니다. 지금 우리가 겪는 고통과 어려움의 시간들이 시련의 시간들이라면 이것이 곧 성공을 위한 축복의 시간들입니다."

마스시다 전기의 창업자인 마스시다 고노스케는 시련과 역경의 삶을 제공해 준 세 가지 불행을 오히려 축복이라고 생각했다. 그 결과 그는 위대한 성공을 할 수 있었던 것이다. 그처럼 어렵고 힘겨운 현실 속에서도 우리의 마음에서 그것을 어떻게 받아들이고 어떻게 대처해 나갈 것인가에 따라 우리가 맞이하게 되는 내일의 모습은 전혀 다르게 바뀌게 된다. 성공과 행복은 우리의 외부 환경에 달린 것이 아니라, 바로 우리 내면에 달려 있다.

그러므로 우리 안에서부터 성공을 하자. 우리 내면에서 우리가 성취하고 이루었다면 그것은 이내 곧 외부 세계로 이어지게 되고, 현실이 되어 눈앞에 나타나게 될 것이다. 마음에서부터 성공과 행복의 기술을 연습하고 성취해 낼 때 우리의 외부와 우리의 삶은 성공과 행복으로 가득 차게 될 것임을 의심치 않는다.

끝으로 랠프 왈도 에머슨의 말을 통해 진정한 성공에

대해 다시 한 번 되새겨 보자.

“자주 많이 웃는 것, 현명한 사람에게 존경받고 아이들에게 사랑받는 것, 정직한 비평가의 찬사를 받는 것, 친구의 배반을 참아 내는 것, 아름다움을 구별할 줄 알고, 다른 사람에게서 최선을 발견하는 것, 건강한 아이를 낳든 한 뙈기의 정원을 가꾸든 사회 환경을 개선하든 자신이 태어나기 전보다 세상을 조금이라도 살기 좋은 곳으로 만들어 놓고 떠나는 것, 그리고 자신이 한때 이곳에 살았음으로 해서 단 한 사람의 인생이라도 행복해지는 것, 그것이 진정한 성공이다.”

판권

초판 인쇄: 2025년 12월 03일
초판 발행: 2025년 12월 03일

발행인: 김병완
발행처: (주) 플랫폼연구소

출판등록: 제 2020-000075호

이메일: pflab2020@naver.com

주소:서울시 강남구 삼성동 116 백우빌딩 402호

ISBN 979-11-24195-15-4(03190)